U0935219

探寻北京文化 Explore Beijing culture
展现北京魅力 Embody the charm of Beijing

北京文化探微

张维佳 郗志群 贺宏志 主编
杨安琪 著

Spacious View

旷园山影

Three Mountains and Five Royal Gardens in Western Beijing

京西三山五园

北京出版集团公司
北京教育出版社

图书在版编目（CIP）数据

旷园山影 ：京西三山五园 / 杨安琪著. — 北京 ：北京教育出版社，2018.12
（北京文化探微 / 张维佳，郗志群，贺宏志主编）
ISBN 978-7-5704-0895-5

Ⅰ. ①旷… Ⅱ. ①杨… Ⅲ. ①宫苑－北京－通俗读物 Ⅳ. ①K928.73-49

中国版本图书馆CIP数据核字（2018）第281496号

北京文化探微

旷园山影

京西三山五园

KUANGYUAN SHANYING

张维佳　郗志群　贺宏志　主编

杨安琪　著

出　版 北京出版集团公司
北 京 教 育 出 版 社

地　址 北京北三环中路6号

邮　编 100120

网　址 www.bph.com.cn

总发行 北京出版集团公司

经　销 全国各地书店

印　刷 河北华商印刷有限公司

版印次 2018年12月第1版第1次印刷

开　本 710毫米 × 1020毫米　1/16

印　张 13.25

字　数 179千字

书　号 ISBN 978-7-5704-0895-5

定　价 66.00元

编委会

总　序

在任何一个国家，其首都文化都是立足于首都定位，根植于首都特色文化资源，在国家文化建设中起着示范性和引领性的作用。美国城市文化学者刘易斯·芒福德（Lewis Mumford）关于城市文化有一段著名论述："世界名都大邑之所以成功地支配了各国的历史，是因为这些城市始终能够代表他们的民族和文化，并把绝大部分流传后代。"

进入21世纪，中国迎来了新的历史时代。十九大报告明确指出"文化自信是一个国家、一个民族发展中更基本、更深沉、更持久的力量"，"深入挖掘中华优秀传统文化蕴含的思想观念、人文精神、道德规范，结合时代要求继承创新，让中华文化展现出永久魅力和时代风采"。"大力推进全国文化中心建设，提升文化软实力和国际影响力"是北京当前和今后一段时期的重要战略任务。如何弘扬和发展首都文化是北京建设全国文化中心的重要课题，对北京发展具有全局性的战略意义。

在这一新的时代背景下，我们十分需要对北京文化进行重新认识与解析，这是北京文化探微丛书出版的使命。

北京有着三千年的历史，是世界著名的古都和现代国际城市，孕育了底蕴深厚、丰富多彩、独特多元的北京文化。北京文化按照时间划分，可分为古代、近代、现代、当代四大类。按照内容性质，可细分为古城、皇家、民俗、革命、工业遗产、现代特色、大众休闲、文化艺术、奥运和文化教育等小类，并各自有着不同的空间载体。不同时期和类型的文化资源反映出北京城市文化精神内涵的不同方面。

北京文化探微丛书中一部分对北京城市文化空间现状进行简要解析，以期探索北京未来的文化发展空间与模式。比如长城、西山、长安街、中轴线、798艺术区等；丛书同时解析了数百年来人们在社会生活中形成并传承下来的各种文化形式，比如京剧、曲艺、老字号、俗语民谣等，意在普及推广优秀的传统文化，促进其在新时代的传播与发展。丛书循着“浅入浅出”的原则，结构上以散点的形式对北京文化的核心价值进行提炼，内容上关照承继，注重当下，面向未来，用通俗易懂的语言和具有代表性的图片，梳理北京文化的诸多方面。丛书力戒专业知识的堆砌，侧重义理的阐发，阐明北京文化中体现人类普遍价值和现代意蕴的内容，传承历史，裨益当代。

丛书在论述北京文化的过程中，始终把中华文化作为参照。中华五千年文化源远流长、博大精深，它是中华民族几千年文明的结晶，是由中华民族创造，为中华民族世世代代所继承发展，具有鲜明民族特色和深刻内涵的文化。从古至今，中华文化都对世界文明的发展贡献巨大，影响深远。北京文化是中华五千年文化的一部分，是中华文化在北京这一特定区域的特色化发展，北京文化无不具体体现着中华文化的印迹。

北京文化探微丛书以文化自信为依归，在新时代背景下和国际化的视野中重新审视北京文化，向大众展示北京的首都风范、古都风韵、时代风貌，擦亮首都文化的“金名片”，是一套“立足本国又面向世界”的普及类图书，可以很好地助力北京在全国文化建设中发挥示范带动作用，助力北京文化走出去，助力北京在国际上形成更大的影响力。

张维佳

序

茹古涵今：旷园山影中的紫禁城

“三山五园”的建造，可追溯到八九百年以前。早在辽金时期，已有人在北京海淀建造园林。明代，又有大量的官宦人家在此居住生活。但真正展开造园运动则是在清代。清军攻占北京之后，并没有像历代政权更迭时那样放火烧毁前朝宫殿，所以“三山五园”的建造基础得以保留。明朝末年，李自成在撤离北京时下令焚毁了北京城。入关后，清军将士们所见到的是满目残垣断壁，一片狼藉。顺治皇帝在北京的即位仪式只能设在皇极门，也就是今天的太和门前举行，他在临时搭建的帐篷中接受了群臣及蒙古使臣们的上表朝贺。

定都北京后，清代皇室贵族很不适应紫禁城内封闭、枯燥的生活和夏季的炎热，所以顺治帝就在京城南郊的南海子修建了“南苑行宫”，在那里休憩、渔猎和演练骑射。康熙帝早期的郊游地点也是在南苑。但从康熙十四年（1675年）开始，皇室就将目光投向北京西郊。康熙十六年（1677年），皇室在香山修建了行宫。历经康熙、雍正、乾隆、嘉庆、道光、咸丰六朝，北京西北郊形成了广阔的皇家与私家园林建筑群。这里馆阁连属、绿树掩映、曲径通幽，令人眼花缭乱的锦绣园林绵延不绝。这个时期较为著名的皇家与私人园林有：熙春园、自怡园、近春园、春熙院、圆明园、绮春园、长春园、澄怀园、一亩园、自得园、清漪园（颐和园）、玉泉山静明园、香山静宜园、淑春园、鸣鹤园、朗润园、镜春园、睿王园、蔚秀园、承泽园、畅春园、西花园等。其中以皇家的“三山五园”最为著名，也就是本书所涉及的香山、玉泉山、万寿山，畅春园、静明园（玉泉山）、静宜园（香山）、圆明园和清漪园（万寿山）。

从历史上看，“三山五园”不仅是皇家园林建筑的典型代表，也是中国经济、社会和文化史的重要组成部分。其不仅表现出了当时的建筑、园林工艺水平，也体现出了帝王政治、皇家文化和中国传统文化的等级制度。

其实，清代是一个开放和包容的朝代。作为入主中原的关外民族，他们更加怀念关外的森林和草原，喜欢纵情于自然山水。因此，他们中断了历朝历代的长城营造，而是以更大的热情和精力来修建离宫别苑和皇家园林，以保持清代八旗子弟的戎马基因和独特性格。但他们也对中原文化和江南景色情有独钟。在这些离宫别苑中，他们往往在一园之中将宫室庭院、江南风光，以及草原、山地、湖泊和平原等兼容并蓄。

在文化包容性方面，清代朝廷也表现得相当有胸襟。尽管也发生过屠杀事件，但清皇室还是将自己视为中华民族的子孙。清朝的皇帝们能够非常开明地对待汉族的文化传统。在中国历史上，他们也是极少数没有对前代帝王宫殿进行大肆焚烧的王朝。这一点实在是难能可贵。入主中原之后，清皇室就开始对经史子集等典籍进行校勘和辑佚，并对地理、天文、历法、数学和历朝的文化、典章制度进行了系统的整理和研究。在这些方面，清代取得了极大的成就。如同哈佛教授欧立德先生在《满洲之路》中所说的那样，清代在统治和同化异族的过程中，自己也被汉族文化所消化和吞噬。

作为皇家御园，“三山五园”是历代清朝皇帝长年进行生活、理政和休息的场所。在这些园林中，除了皇室的离宫别苑之外，还建有八旗营房、水陆古道、团城演武厅和碉楼等建筑。历代帝王每年都要到先农坛等地扶犁演耕，到天坛祭天祈福。在“三山五园”中，也充分地体现了帝王们劝课农桑的愿景。其中，最具代表性的是清漪园昆明湖西北的耕织图景区。其景区以河湖、稻田、桑蚕等自然景观为主。据说，乾隆帝将内务府织染局和隶属于圆明园的十三家蚕户都迁居于此，使景区成为名副其实的耕织区域。

“三山五园”也反映了清皇室的施政思想。皇家非常重视耕读文化和诗书礼仪。因此，书院、书屋和书楼，就成为“三山五园”中另一类重要的建筑物。清代的帝王们都知道，通过读书，可以让皇家子孙很快掌握古今帝王的治世经验。圆明园的景观“澹泊宁静”，就是要后代们勤于读书，要“宁静以致远”。在畅春园里，皇家建造了清溪书屋、讨源书屋、渊鉴斋、佩文斋、汇芳书院和碧桐书院。圆明园内的文源阁，是收藏《四库全书》的地方。圆明园内，还专设了供皇子读书的场所——“洞天深处”。

就现在而言，“三山五园”所处的海淀区，仍然是北京的文化、科教和艺术中心。在人才培养方面，如今的“三山五园”地区仍然是北京的核心区域。

“三山五园”是清代皇家园林的集大成者，有着丰富的历史文化内涵。在这样一本小书里，要想系统、完整地展现出“三山五园”的全部风采，是根本不可能的。本书只是提纲挈领地写出“三山五园”的一部分内容和某些侧面，以试图彰显出中华民族的伟大和中华文明的源远流长。即使是这些瀚海拾贝，也是建立在无数前辈、同仁、师友和众多研究者的探索基础之上。可以这样说，没有前人的研究，就根本没有本书的诞生。所以，本书的作者首先向为“三山五园”研究做出巨大贡献的先行者们表示最大的敬意和感谢。本书参考文献中所罗列出来的资料，只是“三山五园”研究中的冰山一角。作者对这些研究者们，心存敬意和感激。

本书作者的导师，清华大学建筑学院的贾珺老师，是“三山五园”研究的专家之一。虽然在本书的撰写过程中，老师没有花太多时间亲自进行指导，但老师在学术研究方面那殚精竭虑和认真严肃的工作作风，始终是促使我写好这本书的最大精神动力和源泉。作为学生，我始终认为，延续和发扬导师的工作态度和精神，是我们这些进行学术研究的学生们应该遵循的治学之本。

在书籍资料的整理和撰写过程中，我也得到了众多师长和同仁们的帮助和支持。非常感谢清华大学建筑学院的刘宛老师。一直以来，她都对我们后辈学人们进行勉励和提携。在学术成长的道路上，她给予了我们许多关心与指导。此外，我还由衷地向孙左满老师表达自己的感谢。与他的每一次悉心交谈，总能使我获得更充沛的写作动力。清华建筑学院的学哥、学姐、学弟、学妹们，也曾经给予了我众多的帮助和鼓励，在这里，也向他们表示万分的感谢。

圆明园管理处的单志刚先生，在本书图片的拍摄过程中，给予了我极大的帮助。百忙之中，单志刚先生亲自带路在圆明园中进行拍摄，并进行详细现场讲解。单志刚先生出生于北京海淀区的圆明园附近，对“三山五园”地区的文化和历史了如指掌、如数家珍，并充满了深厚的感情。可以这样说，单志刚先生就是当代的海淀“三山五园通”，尤其圆明园地区，他是历史变迁的亲历者和见证者。

最后还要提及的是我的父亲达西先生，他为此书的问世也做出了巨大贡献。不仅在资料和文献整理上，而且在文字的撰写和润色方面，达西先生呕心沥血，承担了大量的工作。尤其是本书的图片和绘图，几乎都是出自达西先生的手笔。因我当时正怀有身孕，达西先生为了获取第一手资料和图片，跋山涉水，独自跑遍了海淀地区的“三山五园”。当然，在拍摄过程中，他也获得了自己独特的感受。他常常为周边地区那些热爱“三山五园”文化的人们所感动。如在香山，他就邂逅了在湖边练功的董奎先生。董先生热情主动地给他讲述“青未了”的典故，并且阐明自己对“静宜园”园名出处的理解。在美丽如画的香山石径和湖畔，同一位备考北京中医药大学研究生的年轻女孩，所进行的关于现代医学和传统医学之间关系的讨论，也成为达西先生日后津津乐道的谈资。

我的家人，尤其是我的丈夫谭杪萌先生，也为此书的构思和写作做出了巨大贡献。他帮助我查找资料，收集照片，并提出了许多积极、有益的观点和建议。可以这样说，此书稿的顺利完成，凝聚着全家人的心血、努力和付出。

在撰写本书时，恰逢我处于怀孕、分娩和哺乳的过程之中。我曾顶着烈日酷暑，怀着八个月的身孕爬上万寿山，走遍昆明湖畔的角角落落。这样做的目的，只是为了能够拍摄到更多的一手照片。随着孩子的呱呱坠地，本书也基本成形和成熟了。因此我坚信，这本书不仅是自己的一次难得的人生际遇，似乎与我的儿子更有几分说不清的缘分。我愿把它当作一件礼物，送给这个新的生命。

谨将此书送给我的儿子谭雨杨。

杨安琪

2018年12月1日于车公庄寓中

目 录

8 玉泉山静明园

9 万寿山清漪园（颐和园）

旷园山影

京西三山五园

1

“三山五园”概况

“三山五园”的范围

清王朝鼎盛时期，在北京西郊建成了“三山五园”，也就是由香山、玉泉山、万寿山，畅春园、圆明园、静明园（玉泉山）、静宜园（香山）和清漪园（万寿山）所组成的北京皇家园林体系。（图1-1）

图1-1 《三山五园图》清代绘画（灵极限提供）

图1–2　玉峰塔（汇图网提供）

位于北京西北的玉泉山主峰上，也称“大塔”或“定光塔”，修筑于清乾隆年间，是静明园的标志性建筑。

康熙皇帝即位初期，于康熙十六年（1677年），在香山修建了行宫。康熙十九年（1680年），康熙皇帝将玉泉山南麓改为行宫，命名为“澄心园”（静明园）。（图1–2）康熙中叶，清王朝开始步入盛世，在明武清侯李伟清华园的旧址上，清室修筑了清代的第一座皇家园林，也就是畅春园。皇家将这里作为“避喧听政”的场所。

康熙四十八年（1709年），康熙皇帝将畅春园迤北数里地的一座名为后华家屯的园林，赏赐给了其第四子胤禛，也就是后来的雍正帝。康熙帝亲笔题写园名为“圆明园”。

雍正皇帝即位后对圆明园进行了扩建，建成了二十八景。圆明园取代了畅春园，成为皇帝园居听政的离宫。

乾隆时期，乾隆皇帝对康熙和雍正时期所兴建的畅春园、圆明园、玉泉山静明园和香山行宫（改建后改为静宜园）进行了改建，（图1-3）并借疏浚瓮山泊的机会新修了万寿山清漪园（颐和园）。（图1-4）人们常说的“三山五园”皇家苑囿体系基本完成。

乾隆皇帝非常关注“三山五园”的建设。他先是对圆明园进行了大规模的增建，建成了四十景；后又新修了长春园，并把赐园收回并为绮春园。这是圆明园的黄金时期。三园之中，以圆明园规模宏大而位居首位。人们将之统称为圆明园或“圆明三园”。

实际上，圆明园曾有过“五园”之盛。乾隆三十二年（1767年），今日清华大学校园西部的皇亲赐园熙春园被并入了圆明园。乾隆四十七

图1-3　如今修缮一新的香山寺（达西摄）

位于今北京香山公园内，历史悠久，具有前街、中寺、后苑独特的寺院格局，为静宜园“二十八景”之一。

图1-4　如今的颐和园万寿山主要建筑（汇图网提供）

年（1782年），皇室又将今日北京大学校园北部的皇亲赐园淑春园改名为春熙院，归入了圆明园。这便是“圆明五园”之称的由来。

嘉庆七年（1802年），皇室将春熙院赏赐给了庄静固伦公主。道光二年（1822年），皇室又将熙春园一分为二并赏赐给了惇亲王绵恺和瑞亲王绵忻。这样，“圆明五园”又变成了“圆明三园”。历史上短期的“圆明五园”之盛，也就渐渐不为人们所知了。

香山、玉泉山，以及在乾隆年间由瓮山改名而来的万寿山，明代时就久负盛名，尽管当时的朝廷和民间，都没有将其特称为“三山”。清康熙至乾隆时期，皇家在此三座名山上分别构建了三座大型皇家苑囿，也就是人们耳熟能详的静宜园、静明园和清漪园。（图1-5）

在清代官方的各种典籍中，人们并未发现有“三山五园”的专称。“三山”一词，来源于乾隆中叶时期的一些官方记载。那时，皇室专门

图1–5　古朴秀丽的颐和园（汇图网提供）

设有大臣来管理“三山”事务。在《大清会典》中，就专列了“三山”职掌大臣的条目。至于“五园”之称，只是在乾隆五十一年（1786年）之后，在内务府有关圆明园岁修工程的文书中，才多次见到有圆明园等“五园”的提法。

“三山五园”是数个独立园林的总和，以山、园对应呼之，代表了清代皇家园林建设的成就，也是中国民间对清王朝鼎盛时期北京西郊皇家园林的美誉。

从康熙帝始建畅春园至乾隆帝扩建圆明园完工，“三山五园”的皇家园林历经了80多年才达到顶峰。在循序渐进的扩建过程中，整个“三山五园”皇家园林区的大小园林，被编织成一个功能复杂的皇家园林体系。各园林独具特色，分工明确，而又互相联系，服务于皇室。所有这些园林、联系各园林间的区域以及园林群外负责防卫的八旗军事设施圈，共同组成了“三山五园”这一不可分割的整体。可以这么说，“三山五园”才是真正的万园之园。

其实“三山五园”覆盖了远远大于那五个孤立的园林所包括的范围。在圆明园以北，其大致涵盖了跨清河而扎营的八旗村落区；圆明园以东，也有许多清代高级官员拥有的私家园林。

除了皇帝所赐之外，这些私家园林多为官员们自建。其大部分是通过同一个水系连在一起的。这些园林的所有者，也随着清廷的政治历史的更替而发生着变化。其中某些园林后被皇帝所收回。圆明园的扩建，也是一个不断整合圆明园东部私家园林的过程。

东起万泉河东北，北抵清河、北旱河一带，南至海淀台地，西到静宜园西部，这就是“三山五园”地区的大概范围。“三山五园”地区的北部，还应该包括清河北岸，清河两岸的那些守护圆明园的正黄旗、镶黄旗、正白旗军营，以及附近的稻田区；西部包括正红旗和镶红旗等西山脚下的村落；东部包括由圆明园管理的皇家赐园和官宦园林；南部包括正蓝旗、镶蓝旗、火器营、万泉庄、泉宗庙，位于巴沟地区的水田，以及驻扎在香山行宫周围的香山健锐营、团城演武厅、碧云寺、卧佛寺等。其总面积达到70多平方千米。

“三山五园”的构成可以分为三个层次，即位于核心区的皇家园林，用作农业、商业和服务等不同功能的园林间过渡地带，以及外围的八旗拱卫军事设施圈，形成了非常清晰的功能结构。“三山五园”皇家园林的正常运转，离不开结构体中的各个部分的支持。“三山五园”的整体景观结构，更是离不开园林之间各个地带的过渡和衔接。

“三山五园”是一个整体，是一个以几个皇家园林为核心的连续的皇家园林区域。因此，“三山五园”中的“五园”包括颐和园、静宜园、静明园、畅春园和圆明园五个皇家园林为核心区。那些联系以上各个核心区的中间过渡区，以及拱卫核心区的周边军事防御区是皇家园林功能区。

“三山五园”的水稻、水路和交通

明清以来，“三山五园”地区就是北京城最重要的水源地。北京西北郊的绝大多数园林，都是通过玉泉山和万泉河而连接在一起的。

选择西北海淀建设“三山五园”，多半是出于对这些自然因素的考虑。万泉河从海淀台地发源，蜿蜒向北流过畅春园，东行流经圆明园、朗润园进入今天的清华大学校园，最后汇入清河。这是一条自成一体的独立水系。蒙古族将湖称之为“海子”，而“淀”则是浅的湖泊的意思。所以海淀区可谓水乡泽国，一派江南景色。加之这里植被茂密，动物种类繁多，成为建造园林的最佳选址。

乾隆年间，皇家修建了清漪园，也就是现在的颐和园。这有力地促进了“三山五园”地区的发展和变化。随着昆明湖的逐年扩大，昆明湖以南的瓮山引水渠，也就是长河部分的水量也在逐年增加。玉泉山与瓮山之间那些分散的小湖面逐步连成一体，形成了水面较大的高水湖和养水湖。（图1-6）道光年间，清漪园的西南和东南侧已布满了水稻田地，不仅与清漪园内的景色融为一体，还极大地促进了北京地区农业的发展，培育出了著名的京西稻米。

图1-6　玉泉山与瓮山之间的小湖面（达西摄）

明清时期，"三山五园"地区就形成了东起海淀，西至玉泉山，南达长春桥，北至青龙桥的万亩稻田景观。清河南北两侧、静明园与清漪园（颐和园）之间等区域，也分布着成片的田野。六郎庄、巴沟、玉泉山、青龙桥一带的万亩稻田，构成一派水乡景色。乾隆皇帝有诗句赞美道："十里稻畦秋早熟，分明画里小江南。"在海淀与瓮山之间的低地之中，青绿色的稻田与点缀其中的白色小桥和碧绿湖塘，构成了一幅令人心神荡漾的田园风光。（图1-7）

图1-7　北坞公园一角（汇图网提供）

在玉泉山静明园和颐和园之间的这一区域，历史上是皇家水乡田园景区。2015年之后，北京市开始在这一区域进行水系建设，力争将水乡水网的风貌展示出来。图中的北坞公园就位于这一区域。

图1-8 废弃的西直门皇家码头（达西摄）

皇家往来于紫禁城与西北郊园林之间，通常都是走水路或沿河岸的道路。乾隆时期修建清漪园后，皇家出行前往清漪园一带多采用水路行舟或冬天行冰床的方式。两地之间往来的另一类人是通勤的官员，虽然一部分官员在海淀和圆明园周边购置和租赁了房屋，但仍有一部分官员住在城内。内务府的官吏和太监，也是往返于两地的主要人群之一。而他们的活动散布在“三山五园”的各个区域。（图1-8）

“三山五园”地区水道的疏通，一直是清廷重视的工作之一。朝廷会定期派官员前往西北郊山区勘测水源、水道。西北郊地区勘测水源、水道的地点，主要是香山和玉泉山一带。香山碧云寺泉水及玉泉山泉水，是清代水源的重地。玉泉山由于其水源质量上乘，一直是皇家用水供应地之一。勘测水源与皇家的日常生活息息相关，其往来交通必然相当频繁。

随着西郊外三营的建设，大量旗人涌入西北郊的皇家园林区。他们成为往返于北京城及西北郊地区的另外一类人。雍正二年（1724年），圆明园护军营成立。皇家派八旗官兵携家带口地来守卫圆明园。

一些兵丁定居于圆明园护军营中，而另一些兵丁则需要往返于内城及圆明园周边。两地人员的往返流动也不仅限于公务往来，前往西北郊游览也是人们的目的之一。此外，还有一些到寺庙来上香和商业往来的人群。随着海淀、圆明园和清漪园周边的商业聚集及村落的逐渐繁荣，有更多的北京城居民经水路或河岸前往西北郊。

“三山五园”的营房和村落

皇家园林周边的私家园林群，是为了使皇帝能够在园林中正常上朝处理政务；八旗军营区是“三山五园”皇家园林的安全防卫系统；沿长河及御道分布的不同庙宇是皇室成员的游娱场所。（图1–9）

图1–9　北坞金山寺和戏楼，位于海淀区四季青镇北坞村（达西摄）

“三山五园”地区拥有完备的军事防御体系。其周边，以及沿着西山山麓一线，皆分布有八旗营房及其村落。海淀镇、成府村、苏州街在“三山五园”的东南部。一些附属园林和衙署，也处于这些村落之间。

雍正皇帝在圆明园的周围部署了八旗军队，也就是驻扎在圆明园的护卫营，以确保皇家园林区的安全。正白、镶白、正黄、镶黄、正红和镶红六个旗，沿着圆明园北部一线驻扎。正蓝、镶蓝两旗，位于圆明园的东面和南面。圆明园八旗护卫营的校场，位于清漪园与畅春园之间的空地上。（图1-10）

“三山五园”的另一套军事防卫体系，是驻扎在香山行宫周围的香山健锐营。香山健锐营主要是用来训练军队的。在香山脚下还建有团城

图1-10　清代圆明园八旗护卫营校场遗址，现已为空地（达西摄）

图1–11　护卫香山行宫的健锐营团城（汇图网提供）

演武厅，是重要的军事训练设施和特定场地。（图1–11）

康熙初年，“三山五园”地区开始了大规模的营地建设，乾隆时期达到了鼎盛。军队所驻扎的营地，形成了该地区的一些地名。现在香山地区有很多村庄以“营”字来命名。“三山五园”周边还有一些村落，名字则起源于历史传说，如颐和园东南的六郎庄村，相传为杨延昭养伤的地方；香山的挂甲塔村、亮甲店村、东北旺村、西北旺村和韩家川村，村名皆源自北宋抗辽的故事。

在“三山五园”周边，有三个地区村庄比较密集。首先是香山公园至北京植物园之间，以及植物园以东的区域。该地区的村落是乾隆年间随着八旗军队的驻扎而逐步出现的，如香山地区的正黄旗村、镶黄旗村以及四王府地区的正蓝旗村、正白旗村等。再者是颐和园修建之后，在其东西两侧陆续出现的村庄，如北坞村、中坞村、船营村和后窑村等。（图1-12）在此居住的村民，多为修建皇家园林的工匠和船工。最后一处是清漪园和圆明园之间的村庄。这些村庄，多是随着清漪园、圆明园的兴建而逐步发展形成的，如大有庄、骚子营、挂甲屯等。这些村庄的居

图1-12　今日玉泉山脚下的北坞村风景（达西摄）

民，多是为皇室当差的厨子、太监和保姆等。

成府村，是一个随着西郊园林建设而逐步兴起的村落。“三山五园”兴建之初，成府村中的营房和街道就已初见繁荣。康熙四十八年（1709年）之后，圆明园的工匠和差役们，就将他们的家眷和亲戚搬到了成府村。吃皇粮的人日益增多，使成府村呈现出一派繁华景象，嘉庆年间尤盛。

乾隆初年，乾隆皇帝修建长春园。许多住户被迫迁到成府村。就这样，成府村的规模日益扩大，形成了大量的商业街铺、酒肆、工厂和作坊等。

在成府村中，满汉风俗迥然不同。村民们所从事的职业也是五花八门，但大多数居民都是从事与园林修建、维护相关的工作。如天利木厂的金家，以修清东陵而起家，修过清漪园、万寿园以及东西两陵；经营木厂的安家，修建过圆明园的“九州（洲）清晏”；经营油画作坊的刘家，承包过清漪园中的油饰彩画；经营义成木厂的燕家，专门负责圆明园工程的修理。养花、扎风筝、经营柴米油盐买卖或酒肆、剃头、卖兰花豆、养鸟养鱼、开赌场、经营当铺或做首饰珍玩生意的，在村里比比皆是。做瓦工、木工、织席、厨师、拉人力车的，占据了村民职业的大多数。还有一些人出去当兵。做生意的，也多是一些“挑挑儿”沿街叫卖的小本营生。成府村中建有佑慈宫、太平庵、兴隆寺、正觉寺、广惠宫、五圣祠和关帝庙等。

咸丰十年（1860年），圆明园被烧毁后，成府村的旗人们逐渐变得穷困。光绪年间，河北省文安县遭受水灾，大量难民涌入成府村。外乡汉族民众的迁入，使得村中的风俗发生了变化。清末和中华民国年间，在成府村周边建立了清华大学和燕京大学。因之，成府村里出现了一些西服店、文具店等新式店铺，以及农场和教堂等。但在成府村的民间风

俗中，人们仍然可以看到皇室和“三山五园”对其的影响，如因慈禧赏识而迅速发展起来的秧歌会等。

在历史上，香山公园（图1-13）、北京植物园和中科院植物园等地区，也是清代健锐营的驻军区域，有很多非常珍贵的文物遗址和陵墓建筑就散落在这些地方。孙中山先生病逝后曾停灵于香山碧云寺。如今碧云寺，还设有其衣冠冢。北平和平解放后，有许多重要领导人在该地区居住和生活过。

图1-13　今日香山公园（达西摄）

“三山五园”的买卖街

一般来说，人们习惯将在皇宫中或皇家苑囿中所设置的买卖场所称之为买卖街，设有街道、店铺、商号、旅馆和码头等建筑。买卖街是皇家园林宫市的一种方式，显示了清代宫廷特殊的市井文化。

在清代“三山五园”地区，有好几条买卖街。具有典型北方市井格局建筑风格的，有圆明园买卖街、香山静宜园买卖街等；模仿江南市肆风格的，一般被称为苏州街，有颐和园买卖街、圆明园同乐园买卖街，以及万寿寺至畅春园大门前的买卖街等。

在一定程度上，买卖街是皇帝了解民风民情的一个途径，同时也满足了皇室娱乐生活的需要。皇帝游逛买卖街时，往往会派一些宫女和太监扮成商人、店主和游人，使之与百姓的市肆十分相似。皇室的皇子和后妃们由于受到身份的约束，生活异常乏味单一。而买卖街的设置，在一定程度上满足了他们的物质和精神生活需求。当然，它也满足了王公大臣们的生活之需。

为了上朝方便，王公贵族们纷纷在京西修建了一些邸园和宅院。这在一定程度上促进了买卖街的兴起。清代皇家园林主要集中于万寿山、

图1–14　今颐和园内的荇桥（汇图网提供）

荇桥为一座汉白玉石桥，横跨于万字河上，桥上建双层敞亭。荇桥周围曾是西所买卖街，又称为小苏州街。

玉泉山和香山地区，地点过于僻静和安宁。买卖街的出现，为“三山五园”增添了几分市肆的喧闹，也反衬出了这些园林的安谧。

尽管买卖街主要是用来供皇室游玩的，但实际上也有一定的商品交易作用。宫女、太监们进入森严壁垒的皇宫后，过着单调孤寂的宫廷生活，他们对宫墙外的世俗生活十分怀念和向往。买卖街的设立，使刻板乏味的宫中生活有了一点民间气息。这对那些无聊之极的皇室宫眷，寂寞难耐的宫女和太监们，能够起到些许抚慰作用。

乾隆皇帝每年都要亲临买卖街，文武大臣也得随侍左右。他在店铺中高价买来的各种商品，如珠宝、绸缎、手工艺品和瓷器等，大部分赏赐给了自己喜欢的皇后、妃子，或者一些宠臣和官员。据说，有一次乾隆皇帝在逛买卖街时，遇到了一个由太监假扮的小偷。这位机灵而聪明的太监，故作忸怩而被执行侍卫任务的八旗官兵当场抓住。此举惹得乾隆皇帝龙心大悦。他赏赐了“小偷”一百两银子。

清漪园有两处买卖街，均仿照江南风格建造而成。在万寿山西部的昆明湖周边，有一片弓形水域，人们将之称为“万字河”。这里有一处模仿江南市肆格局的万字河买卖街，也叫西所买卖街。（图1-14）这条买卖街，呈现出一种“前街后河”格局，处处模仿江南水乡的优雅样式，所以，又称小苏州街。在清漪园中，另外还有一条买卖街，就是后溪河买卖街。这条位于清漪园万寿山后北宫门处的买卖街，规模比较大，是一条模仿苏州水乡建造的“两街夹一河”形式的

图1-15　今颐和园中的后溪河买卖街景观（杨安琪摄）

“水街”。（图1-15）

乾隆二十六年（1761年），乾隆皇帝为庆祝崇庆皇太后的七十岁寿辰，修建了畅春园内的苏州街。畅春园内的苏州街原长三里，是当时规模最大的一条买卖街。但到了乾隆末年，已经扩展到十几里长了。除了二宫门外的这条苏州街，畅春园内还有一条买卖街，里面建有典型的京城市井风格的街市店铺。

在规模最为宏大的“圆明三园”里，共有两条买卖街。一条是属于

图1-16　香山寺买卖街的导览说明（达西摄）

仿江南风格的苏州街，称为同乐园买卖街。而另一条则是典型的北方市肆商业街，即圆明园含经堂东边的买卖街。这条买卖街中的店铺建筑规模要比苏州街的略大，体现了一种京城市井风格的市肆文化，同时也体现出了北方人的大气和豪放。

香山静宜园也设有买卖街。据考证，静宜园应该有两条买卖街。一条即为香山寺前的“内买卖街”（图1-16）；而另一条是位于静宜园东南部，香山寺至中宫的山路上。与其他园林的买卖街不同的是，这里是八

旗官兵购买东西的商业街。香山静宜园的两条买卖街，都应该属于京城市肆风格。

一直到20世纪50年代，山路上的这条买卖街依然红火兴旺。街道上有周记果局子、王记理发铺、油盐店、鞋铺、屈记小铺、赵记肉铺、郑记煤铺、包子铺、赵记茶馆和魏记奶牛厂等。公私合营之后，买卖街的商铺相继关闭，街道便冷落了下来，后来也只是买卖街的名字保留下来。

“三山五园”的变化和影响

清康熙年间兴建的畅春园，是康熙皇帝的避暑离宫。它的前身是明朝武清侯李伟在京都西北郊区所建造的一座私家园林。最初，畅春园沿用了其原先的名称清华园。与清华园一墙之隔，是宋代书法家米芾的后人、明代米万钟所建造的勺园。

清华园和勺园地理位置得天独厚，风景优美。在其基础上改造，可以节省大量的人力和物力。因此，康熙皇帝选择在此地建园。在此地兴建御园，不仅可以办公，而且还可以避喧听政，读书涉猎，享受山水之趣，具有理政和游乐的双重功能。

康熙二十六年（1687年），康熙皇帝首次驻跸畅春园。康熙二十九年（1690年），畅春园改建工程告竣。“畅春”寓意为“四时皆春”“八风来朝”和“六气通达”。从布局到建筑风格，畅春园均以朴素为特点。

有研究统计，畅春园建成后，康熙皇帝累计到园257次，平均每年7次；居住时间达3800余天，年均驻园107天。康熙六十一年（1722年），康熙皇帝驾崩于园内的寝宫里，足见康熙帝对畅春园的喜爱。

乾隆十一年（1746年），静宜园建筑工程完工。乾隆皇帝命名了二十八景和题诗。乾隆四十五年（1780年），静宜园的面貌达到全盛。

乾隆年间还大规模扩建静明园，形成“静明园十六景”。1949年的时候，静明园内的水道仍完好如初，大多建筑尚存。

圆明园兴建于康熙年间，位于畅春园的北侧。雍正二年（1724年），皇家在这里堆山开湖、大兴土木，开始扩建工程。乾隆时期，皇家又在附近修建了长春园和绮春园（后改名万春园）。（图1-17）

乾隆二十九年（1764年），清漪园完工。清漪园的宫墙修筑到了北端城关到西北角城关之间，囊括了昆明湖与万寿山。（图1-18）

至此，“三山五园”工程基本完成。

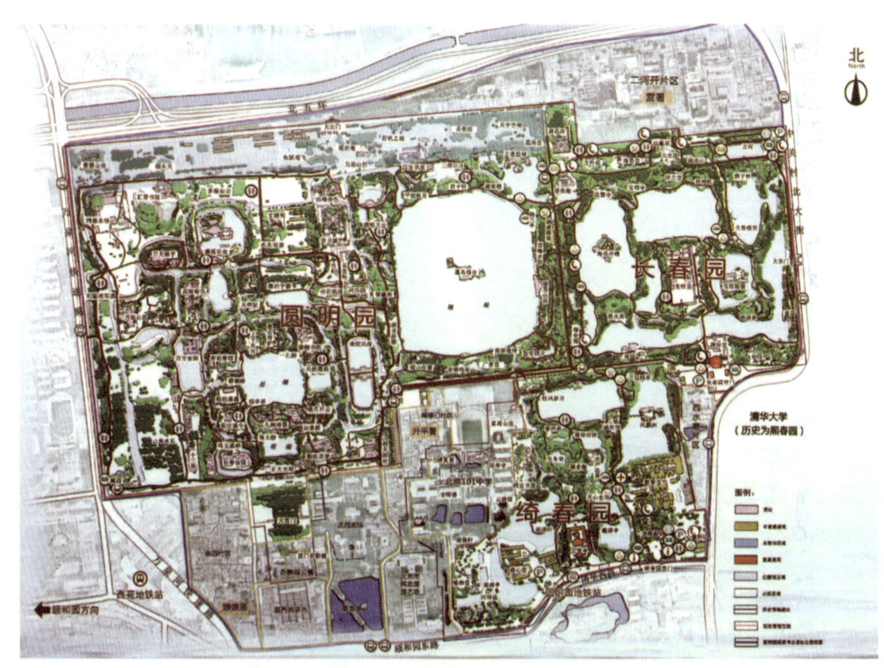

图1-17　今日圆明园内的导游图（汇图网提供）

图1–18 在清漪园基础上建造的颐和园（汇图网提供）

如今，当初的畅春园仅剩下了两个庙门，一座是雍正为纪念康熙皇帝所建的恩佑寺的；另一座是乾隆为纪念其母亲所建的恩慕寺的。据说，畅春园南部的大宫门曾延伸到北京现在的四环路。在修建环路时，人们挖出了畅春园的宫门。为了保护古迹，建设者们就将遗址进行了填埋。如今，畅春园已成为北京大学校园和市民公园的一部分。北大校园内，应还包括有圆明园的蔚秀园、承泽园、淑春园和朗润园等附属园林。（图1–19）（图1–20）

图1-19　北京大学校园内朗润园月亮门（汇图网提供）

图1-20　北京大学校内的圆明园的附属园林和古迹（达西摄）

目前，在北大校内还可以看到一些“三山五园”的遗迹，其中就有未名湖中的石舫。（图1-21）当初的皇家御用石舫，现在则成为北大学生和游客参观的著名景点。

清代，“三山五园”被赋予了很强的政治功能。满族作为游猎民族入主中原后，由于不习惯北京的暑热气候，就经常在这里游山玩水和处理朝政。这样就使“三山五园”成为与紫禁城并重的另一个政治中心。清代发生的许多重大历史事件都与“三山五园”有着密切的关系。

图1-21　北京大学校内未名湖中的石舫（达西摄）

图1–22　北京大学未名湖一带在清代属于淑春园的一部分（达西摄）

畅春园开启了清代皇帝的园居之风。康熙皇帝经常在畅春园中居住并处理政务；雍正皇帝在圆明园登基，并死在这座园林之中；而慈禧，则以颐和园为自己的“大本营”。

长河，是当时连接皇城三海与颐和园昆明湖的水道。此水道是专门提供皇家进行交通和游玩的。长河沿线，分布了众多的寺庙、戏楼、茶馆和街市等游娱和休息设施。从西直门出发沿长河经陆上道路到达“三山五园”。据说，这条道路是用专门制作的石块铺砌而成。就是通过这水陆两条御道，“三山五园”与紫禁城被连接在了一起。

清末和中华民国初年所建立起来的清华大学和燕京大学，就是使用了“三山五园”周边的那些皇亲国戚的园林旧址。（图1-22）如今，这里有清华大学、北京大学、国防大学和中央党校等一大批国内著名教育机构。“三山五园”地区，现在乃至将来，仍将是首都文化、教育和科技的中心区域。

旷园山影

京西三山五园

2

“三山五园”的发展沿革

早期：顺治皇帝至康熙皇帝时期

康熙年间，皇家命名玉泉山行宫为澄心园，后改称为静明园。乾隆年间，香山行宫被命名为静宜园，万寿山行宫被命名为清漪园。这一时期，乾隆皇帝设置了专门官职管理“三山”事务，官方记载中开始出现“三山”的说法。至此，作为内务府管理下的官称，“三山”和“三园”的称呼才在一些文书和典籍中频频出现。

早在明代贵族阶层们便开始在海淀台地上进行园林建设活动。明朝万历皇帝的外祖父李伟所建造的清华园与著名书法家米万钟的勺园，被称为明代两大名园。除了这两个园林以外，在附近还出现了很多其他私家园林。到明代末期，作为清代“三山五园”建设基础的私家园林群，已经在北京西北地区基本形成。在明代私家园林的基础上，清代皇帝开始了持续130多年的皇家园林建设活动。

康熙十六年（1677年），康熙皇帝在香山寺的旧址上，建造了香山行宫。这座行宫的规模很小，设施也非常简单。（图2-1）

康熙十九年（1680年），皇室又在玉泉山翻建行宫。建成后，康熙皇帝将其命名为澄心园，后改称为静明园。乾隆年间又对静明园进行了

图2-1 依山而建、错落有致、严整壮观的香山寺（图虫网提供）

图2-2 曾经的高水湖和养水湖，今日已成为北坞公园一部分（爱莲居士摄）

大范围的扩建，不仅添加了新的园景，而且还大大拓展了高水湖和养水湖的面积。（图2-2）

康熙二十七年（1690年），在明武清侯的清华园旧址上建造的畅春园竣工。这是康熙年间建造的最大的皇家园林，也是清朝皇帝在西郊所建立的第一处常年居住和理政的行宫。从此，畅春园便如同清朝的第二个政治中心。在畅春园的周围，康熙皇帝还修建了赐园。其中最著名的当属畅春园以北赐给皇四子胤禛的圆明园。

盛期：雍正皇帝至乾隆皇帝时期

康熙皇帝将圆明园赏赐给了皇四子，也就是后来的雍正皇帝。当时的圆明园规模较小。雍正三年（1725年），雍正皇帝通过挖湖堆山和引入多种造园要素，大大地拓展了圆明园，他还钦定了圆明园二十八景。（图2-3）

图2-3　圆明园正觉寺（汇图网提供）

乾隆年间，皇家对圆明园进行了第二次拓展。其间，乾隆皇帝亲自到园林中对扩建进行指导。在这次扩建工程中，皇室在雍正时期旧园的范围内增加新的建筑组群。圆明园由原来的二十八景扩展为四十景。（图2-4）

图2-4 《圆明园四十景咏》之“鸿慈永祜”，又名“安佑宫”（灵极限提供）

随后，乾隆皇帝又在圆明园的东边修建了长春园，并把东南边的赐园收回并为绮春园，使圆明园成为占地面积达3.5平方千米的大型皇家园林。

圆明园内共有建筑群120余组，均为院落式结构布局。乾隆皇帝还在长春园的北部，建造了一批西洋式建筑，包括花木和喷泉。（图2-5）乾隆皇帝在圆明园工程完工之后写道：“实天宝地灵之区，帝王豫游之地，无以逾此。”可见圆明园景色的宏伟和绮丽。

乾隆初期，康、雍两朝所开创的皇家园林都得到了扩建和改建。畅春园整修为太后行宫；香山行宫扩建为静宜园；静明园扩建为十六景；圆明园增建了新的景区，并在周边新建长春园，绮春园、熙春园、春熙院等先后并入圆明园。

畅春园、圆明园是平地造园；香山静宜园是山地园林；玉泉山静明园虽具有山水景观，但其水面狭窄局促，难以形成那种壮观大气的江湖

图2–5　圆明园的西洋式建筑海晏堂遗址（达西摄）

形态。这些园林都是在康雍时期的基础上进行的改建和扩建。乾隆皇帝决定建造一座完全属于自己的园林。

乾隆十五年（1750年），在圆明园西边开始兴建清漪园，即大家熟知的颐和园。（图2–6）该园林汇集了中国古典园林的各种建筑形式。园林南面的昆明湖，是在原有湖面的基础上模仿杭州西湖拓宽建成的。

清漪园是为筹备崇庆皇太后六十大寿而建。于是，乾隆皇帝把瓮山改名为“万寿山”，将瓮山脚下的瓮山泊，改称为“昆明湖”。在万寿山前，乾隆皇帝还建造了大报恩延寿寺，来为皇太后祝寿。

图2-6 颐和园全景（灵极限提供）

乾隆时代是清代皇家园林的全盛时期。无论是大内御苑还是行宫御苑、离宫御苑，都较明代和清早期有了较大的变化和突破，园林艺术成就极高。

这一时期，“三山五园”的园林规模达到了高峰，形成了纵横13平方千米的风景园林盛景。当时，“三山五园”的水体比例大约为10%；园林周围是广阔无垠的农田。就拿稻田来说，仅巴沟低地，面积就超过了万亩；功德寺、高水湖和养水湖一带，也分布着一眼望不到边的稻田，展现出了北方地区罕见的美丽水乡景观。园林周边的建筑物，以办公衙署和八旗营房等为主。道路的比例和村落的规模都很小。皇家赐园、官宦园林、办公衙署、八旗营房和夹杂其间的自然村落，在自然山体、泉源河湖、林地植被和稻田果园的映照下，构成了一幅令人神往的美丽图画。

衰期：嘉庆皇帝至清代末年

嘉庆年间，圆明园的西部还陆续有扩建工程。但嘉庆之后，清廷就再也没有能力大规模修建园林了。

道光年间的畅春园，因年久失修而破败不堪。

到1860年前，“三山五园”的面貌已经发生了极大的变化，但并未遭到大的毁坏。（图2–7）

图2–7　玉泉山周边风景（达西摄）

图2-8　隐于香山半山腰树林中的梯云山馆（达西摄）

咸丰十年（1860年），英法联军洗劫了香山静宜园，园内的文物、珍宝被掠夺一空。随后，联军又放火焚烧了静宜园，园内建筑几乎全被焚毁，仅存残破的正凝堂和隐于山腰林中未被发现的梯云山馆。（图2-8）光绪二十六年（1900年），八国联军再一次洗劫了香山。这个时候的香山静宜园，已是遍山瓦砾，破败不堪。

咸丰十年（1860年），英法联军将畅春园烧毁。自此，畅春园就再也没有得到机会重修，而成为一片废墟。园内残存的建筑物，被拆用于圆明园的复建工程。光绪二十六年（1900年），畅春园已成荒野，仅有恩佑寺及恩慕寺两座琉璃山门残存。中华民国期间，畅春园的旧址被

图2-9　慈禧太后及妃嫔合影（灵极限提供）

用作驻扎在附近的军队校场。抗日战争期间，这片多灾的土地变成了农田。

颐和园也在1860年英法联军和1900年八国联军的入侵时遭到重大毁坏。经过两次掠夺之后，颐和园曾相继进行了重修。为了重修颐和园，慈禧挪用了海军的军费3000万两白银。（图2-9）中华民国时期，颐和园开始对公众开放。

圆明园于1860年被英法联军洗劫并放火焚烧。（图2-10）此后，同治皇帝和慈禧皇太后决定重修圆明园。他们拆卸了熙春园的大量建筑物，准备用来修建圆明园，但最后还是由于财力不足而搁浅。八国联军攻入北京后，圆明园再次被洗劫。园林中的房屋、木桥和建筑木构架，都被官兵和土匪们拆卸。在以后的岁月里，圆明园内的各种有用的石材和木料，都被大小官僚、军阀，以及盗贼和刁民所洗劫。曾经的精美建筑，已经被破坏得荡然无存。宣统末年，圆明园已呈现麦陇相望、如同原野的荒凉景象。

图2–10　圆明园西洋楼建筑残迹（达西摄）

末期：中华民国时期

19世纪中后期至20世纪中叶，“三山五园”地区的园林面积大幅度减少。被损毁的园林，大都转化成为农田和林地。圆明园遗址的开发，

图2–11 圆明园藻园遗址（达西摄）

颐和园西部景区、西花园、圣化寺等地的废弃，是发生这种变化的最主要原因。（图2-11）

20世纪40年代末，园林面积逐步减小，一些附属园林消失。颐和园昆明湖和福海的水体面积比例进一步下降。园林内的林地，则成为面积最大的景观类型。外来人口的迁入、农业生产的扩大和道路的增多，使“三山五园”地区的原始风貌消失殆尽。在这段时间里，“三山五园”成为驻军和学校的最佳选址。（图2-12）

但此时，北京西郊的基本水系格局依然存在，万寿山、玉泉山水系，静明园、长春园、绮春园水系，以及昆明湖、福海、高水湖和养水湖，都基本保存完好。

图2-12　北京大学未名湖畔临湖轩（达西摄）

旷园山影

京西三山五园

3

“三山五园”的山水肌理

海淀地区主要地势和水源

位于北京西北部的海淀，具有良好的自然条件。“三山五园”便是在这片低洼湿地上发展起来的。金代，皇帝就在玉泉山建造了荷花宫。元大都建成之后，也开始开发玉泉山南部的低地。

“三山五园”的海拔高度，自西向东依次降低。静宜园为纯山地园林，建在香山的东坡上。静明园的主体，位于玉泉山上。清漪园，则由南部的昆明湖和北部平缓的万寿山所组成。最东部的圆明园和畅春园，则基本上是在平地上进行造园。

海淀区的中关村地区曾经是京西有名的水稻产地。数里以外，万寿山、玉泉山平地而起。其后更有西山蜿蜒，如屏如障。全盛时期，此处园林绵延二十余里，蔚为壮观。

“三山五园”地区山清水秀，景色宜人，具有丰富的水源。北京西部和北部是太行山的余脉和燕山山脉，而东南部则是广阔的平原地区。（图3-1）巍峨的太行山和燕山，将来自东南的潮湿空气阻挡，形成降水。这样的地形地貌容易形成山泉。“三山五园”地区，有丰富的香山诸泉、玉泉山诸泉和金山泉水资源。（图3-2）同时这里的永定河古道冲刷形

图3-1　香山远眺图（达西摄）

图3-2　香山山泉（达西摄）

成的平原，有丰富的地下水溢出。“三山五园”地区地势低洼，平地泉涌。畅春园，就位于巴沟低地。

图3–3　两山公园里的河流故道（达西摄）

永定河古道由海淀区汇入温榆河。这也就是说，海淀区的西部，包括万寿山、玉泉山一带的区域，都是在永定河古河道的范畴之内。经过几千年的沧桑变化，永定河道的尾部逐渐向南方摆动。而河床故道，便成为一片湖泊溪流遍布的肥沃土地。（图3-3）在这片低地中央，曾经是连绵的稻田。特殊的地质地形条件，使星罗棋布、汩汩长流的泉水，在低处形成了一个叫作“丹棱沜”的湖泊。

“三山五园”的建设，是基于各朝各代对北京西北地区的水系规划及水利治理。自元代开始，皇家就懂得利用海淀丰沛的水资源。

元代，郭守敬建设了石渠，将香山泉水导入现在昆明湖所在的水域，并通过金水河导入内城。明代通过整治万泉河水系，将其用于私家园林的建造。而清代的皇帝们也尽可能地利用附近的水资源，用于灌溉他们的园林。如乾隆时期就通过在原有昆明湖的东面改造堤坝，蓄积泉水并开拓昆明湖。昆明湖的面积增加之后，成为北京的第一座水库。在“三山五园”的鼎盛时期，大多数园林都是通过水系连接在一起的。

海淀地区主要河流

“三山五园”地区雨量丰沛，地下水资源异常丰富。樱桃沟泉水是整个西山泉水的源头，位于卧佛寺西北的樱桃沟内。所以，樱桃沟泉又被人们称之为玉泉山水系的“水源头”。在香山静宜园内，也分布着如玉乳泉和双清泉等众多著名泉眼。

玉泉山东南地区，位于古永定河洪积扇下缘，地势低洼。玉泉山和香山的泉水，以及西山的诸泉互为相通，汇成湖泊。这些泉水流经地下后，又从玉泉山喷涌而出，汇集于玉泉后流入瓮山泊。樱桃沟和香山的泉水也顺势汇集到了玉泉山一带。

万泉河源于古永定河的巴沟低地。以前，万泉河叫“八沟水”或“大河”。万泉河的水源，是由玉泉山和万泉庄一带的泉水所构成。后来人们修金水河时，将玉泉山泉水引向南边。至此，万泉庄、巴沟村周围以及玉泉山的泉水顺着地势，汩汩流淌，汇成了万泉河。河水注入丹棱沜后，往东流进清河。

“三山五园”地区的水系随着水利工程以及皇家园林的兴建，不断在变化。

在建造金中都时，出于对用水的考虑，将城址选择在了莲花池附近。后来，金皇室又把西山的泉水汇集到现在的昆明湖，再使其滔滔不绝地流向东南，流入城内。因为河水来自西边的玉泉山和樱桃沟，所以人们便将这条河命名为金水河。

图3-4　紫竹院公园内的河道（吴艳雄摄）

元代郭守敬将白浮泉水引向西，与西山的泉水合流，使瓮山泊的水量大大地增加。人们开挖水渠，将瓮山泊的水引入城内。这条水渠，流经巴沟低地和万寿寺高地之后，经紫竹院公园、北京动物园、西直门北侧，最后流入积水潭。这就是北京长河，它是西北泉水流入城内的一条主要水道。（图3-4）

清代，康熙、雍正和乾隆三代皇帝，都对“三山五园”地区的水系进行了大力兴修。乾隆时期，“三山五园”地区的水系基本形成。

建造畅春园时，皇帝下令将万泉河水引入到了园中。为防止水患，

图3–5　颐和园昆明湖和长堤（单志刚摄）

还在畅春园西面修建了西堤，后经过改造，成为如今的昆明湖东堤。（图3–5）

瓮山泊的泉水流入了丹棱沜。同时，经过整治后的万泉庄泉水也汇集到此，致使这里的水域变得很大。修建圣化寺时，康熙皇帝进一步整治了万泉河水域，使万泉河成为"大河"。

乾隆年间，朝廷多次对万泉庄水源进行疏通，再现了"万泉水涌波澜阔，二麦云齐饼饵香"的景象。经过三代皇帝的不懈努力，万泉河水系终于在乾隆时期形成。

乾隆时期，皇室相继对各个园林进行了扩建，同时又修建了清漪园。这使北京西郊的皇家园林连成一片。这一时期，朝廷整合了玉泉山水系，疏浚了昆明湖，并通过建立水闸，使水流向了圆明园。（图3–6）（图3–7）

乾隆年间，皇帝也派人勘察了玉泉山水系，对玉泉山水系的来龙去

图3-6　圆明园“武陵春色”周围的河道（达西摄）

图3-7　圆明园后湖（达西摄）

脉进行了论证。之后，朝廷展开疏浚河道工程。此后，昆明湖的水面拓展到畅春园外的西堤。

在玉泉山和昆明湖周边，乾隆皇帝开挖了高水湖和养水湖。湖水的来源为雨水、玉泉水及其湖底的泉水。（图3-8）高水湖修成后，其分别流入玉河、金河和养水湖。为了发挥昆明湖蓄水、排洪和灌溉的功能，乾隆皇帝在昆明湖的东南端修建了绣漪桥闸，北端修建了青龙桥闸，东北角修建了二龙闸。皇室还不断对河道进行疏浚。

至此，“三山五园”地区的水系基本形成。为了收集更多的泉水，增加昆明湖的蓄水量，乾隆皇帝又将西山卧佛寺樱桃沟、碧云寺，以及香山诸泉的水流，下注到四王府村广润庙内的石砌水池中。乾隆年间，既是“三山五园”地区的水系发生重大变化的时期，也是基本定型的时期，后世基本上没有太大的改变。

图3-8　玉泉山下的河流湖泊（达西摄）

“三山五园”的风水和景观

“山环水抱必有气。”北京西郊位置绝佳，曾被唐朝的杨益、杜牧，宋代的朱熹等人推为风水宝地。这里，山峦、湖泊、河流、林木、花草等应有尽有，为修建皇家或私家园林提供了得天独厚的自然条件。因此这里理所当然地成为营建园林的首选之区。

风水，是中国古代城市规划和建筑设计的一项重要依据。中国古代的城市规划以及建筑活动，无不深受风水理论的影响。“三山五园”地区具有很理想的风水格局。如颐和园位于“三山五园”的中心，佛香阁建在万寿山的南坡中心。西山自西向北以拱卫之势，抵挡了来自西北的寒风，同时也成为所谓的龙脉。（图3-9）玉泉山坐落于西山与万寿山之间。自万寿山西北，源源不断的河流汇集到了山前的昆明湖，形成了所谓的聚水明堂。这些要素交织在一起，就形成了风水理论里的理想空间格局。虽然不是同时建成的，但西郊各个园林之间存在着一种有机的联系。“三山五园”具有一种整体空间的设计意向，最能突出这种特点的，就是园林之间千丝万缕的视觉联系。

借景是中国古典园林的传统设计手法，其同样也被充分地应用到了

图3-9　西山的拱卫之势（汇图网提供）

“三山五园”的园景设计之中。北京西北地区开阔的视野，在各园林之间创造了一种可以借景的可能。因此，在“三山五园”各个园林的设计建造中，各种佳境都通过造园手段被编织进了园林的景观之中。几乎每座山都建有高耸的塔阁，除了能够登高望远之外，其也成为显著的视觉焦点。而位于低矮处的园林，也可以成为供人们登高俯瞰的连绵景观。因此，“三山五园”的各个园林之间，实际上存在着一个经过精心设计的视觉体系。

山峦水系，是一个城市的自然边界。北京西北方向的边界，就是西山。（图3-10）“三山五园”是整个北京城的西部天际轮廓线。燕京八景中的“西山晴雪”、京城什刹海的“银锭观山”，都是人们对北京西山的具体视觉反映。明清诗文中的“客来阁西望，阁对西山平”“河声流月

图3-10 从西山远眺香山（达西摄）

漏声残，咫尺西山雾里看”“银屏重叠湛虚明，朗朗峰头对帝京”等，都是远眺西郊的佳句。“三山五园”的各个园林之间，存在着多样化的视觉联系。

作为“三山五园”的西部边界和最高点，香山静宜园是俯瞰西郊平原的最好位置。从静宜园东望，可以看到玉泉山的静明园。玉泉山本已是西郊平原上的高地，但从香山上俯瞰，那就是“玉泉一山，蔚若点黛”了。乾隆皇帝也多次提到登上香山俯瞰玉泉山的感受。

万寿山清漪园和玉泉山静明园的借景、对景关系更加显著。可以这样说，玉泉山是清漪园西部的主要景观，许多景点都围绕其展开。如万

图3-11　颐和园昆明湖和远处的玉泉山浑然一体（灵极限提供）

寿山西部的“湖山真意”敞厅，就运用了框景的手法，将整个玉泉山优美的山体纳入其景色之中。再如长廊西部的鱼藻轩，其突出水面的建筑物与玉泉山保持了良好的视线关系。在此观景，人们能够将湖光塔影尽收眼底。鉴于玉泉山和清漪园的视线关系，在重修颐和园时，光绪皇帝就对其进行了优先考虑。（图3-11）

圆明园是“三山五园”整体视觉中的中心。其与西部诸园和西山诸峰，形成了一种有层次的视线关系。园林中的建筑物，也是加强“三山五园”之间视觉联系的重要因素之一。

“三山五园”有大量的点景建筑，如独立的亭、榭等建筑物。（图3-12）乾隆皇帝在《静宜园记》中，就对香山的点景建筑有着精辟的叙述。静宜园内大量点景建筑物，就是供人们在登山过程中休息和眺望的。如在其东南山巅，有一座五间敞厅。在此远眺，人们就可见“群峰

图3-12 “三山五园”的点景建筑（达西摄）

苍翠满目”。

再如圆明园的“天然图画”景观旧称“竹子院”，始建于康熙年间，被水系环绕，竹林连绵，古朴简约，是圆明园内最具特色的一个景区。（图3-13）

图3-13 《圆明园四十景图咏》之“天然图画”，清代宫廷画家沈源、唐岱绘（灵极限提供）

园林建筑中，最能起到加强视觉

联系的建筑就是塔。塔起到了竖向构图的作用，成为园林景观中的标志物和人们视线中的趣味焦点。在江南园林建造中，人们多以塔为园林视觉的焦点。乾隆皇帝在规划北京西郊园林群时，将建塔作为建设的重点之一。乾隆十五年（1750年），万寿山清漪园开始兴建之时，乾隆皇帝就计划在园中最重要的建筑组群，也就是大报恩延寿寺的核心位置上修建一座九层宝塔。之后，乾隆皇帝又计划在玉泉山的最高峰上修建一座

图3-14　玉泉山定光塔（汇图网）

九层宝塔。但大报恩延寿寺塔建至第八层时出现了倾覆，故被改建为三层的佛香阁。此后，静明园定光塔建成。后来，皇帝又在玉泉山北峰兴建了妙高寺。寺正中有一座金刚宝座塔。这两座塔的建成，突显了玉泉山马鞍状的山形。玉泉山塔也成为从清漪园西望最重要的景观。（图3-14）乾隆时期，“三山五园”共建有宝塔12座。清漪园和静明园中建塔最多，塔的规模也最大。

在“三山五园”中，宗教建筑在圆明园中最多。其佛教建筑包括有宝相寺、“月地云居”景观和正觉寺；道教建筑有花神庙、关帝庙；还有闻名遐迩的广育宫和龙王庙。（图3-15）静宜园北侧的昭庙，则是为班禅额尔德尼来京为皇帝祝寿而修建的。

香山静宜园中的香山寺依山而建，错落有致，严整壮观，但在1860

图3-15　香山龙王庙（达西摄）

年、1900年分别遭英法联军、八国联军焚劫，竟成废墟。2012年北京市政府启动修复重建工程，2017年竣工向游人开放。

在北京，香山算得上比较高的山峰。园中建筑因山就势，参差错落，镶嵌在整个山体之中。园林中，有大量泉水和水池作为点缀。设置在殿前的水池，可以装点比较狭窄的院落空间。园中的泉水，可以增添园林的趣味性。自建造之始，深邃而优雅的香山静宜园就一直具有非常好的自然生态。

玉泉山静明园最大的特点，是湖山和建筑配合得特别好。静明园的建筑群，皆采用了散点透视的布局。香岩寺和定光塔的规模都不大。山脚下的低矮建筑，衬托出了位于山顶上的定光塔的高耸和壮丽。

特色景观最多的是圆明园。圆明园中的景观移步易景，层出不穷，变化多端。“圆明三园”中，不仅有宗教建筑和“观稼验农”景观，而且还有多种园林景观，如“仙境”、欧式园林、写仿名山胜景等。

在“三山五园”中，清漪园体现出了最为出色的皇家气派。清漪园湖山相映，立体感特别强。虽然万寿山不高，山体轮廓也非常平淡，没有什么起伏，但却绵延1000多米，体量巨大。山体西半部具有超大的临水面，水体比例大大超过了山体，形成了一种非常震撼的阵势。西堤的设置，将西山景色借入园内，在空间的联系上，起到了重要的纽带作用。山体中部修筑的壮丽建筑群，装点了万寿山的南坡。结合前山所修筑的长廊，带给人一种无与伦比的壮观气势。

安河桥是架设于北京长河上的一座石拱桥，始建于清雍正年间，原本是一座木桥。安和桥西北侧，曾驻扎有圆明园护军八旗的正黄旗和正红旗营房。20世纪50年代，这条水道还激流滚滚。夏天，河面碧波荡漾，两岸绿柳成行。孩子们沿河洗浴、戏水、捉虾、捕鱼；妇女们则在河边上洗衣；驴、马、牛、羊，也在河边畅饮。20世纪60年代修建京密引水渠时，人们在附近架设了一座新的安河桥。桥上的护栏板和望柱，都使用的是白色大理石。新桥与古桥遥遥相望，风景极佳。

“三山五园”地区，丰富而发达的水资源，对北京城具有极高的生态学价值。从金代的八大水院到清代的皇家园林，从建造园林、整饬水系再到推动农业的发展，该地区的建设完美地体现了中国传统文化中“与天地参”的意境，也是中国古代城市建设“相土尝水，象天法地”哲学思想的延伸。

旷园山影

京西三山五园

4

园林中的紫禁城

“三山五园”中的理政

“三山五园”是集居住、理政和游憩功能于一体的皇家苑囿。自建园后的二百多年里，清代的皇帝大多曾在“三山五园”中进行过理政活动。“三山五园”成为清朝的又一个政治管理中心，堪称“园林中的紫禁城”。（图4–1）

为了奏事、议事方便，清廷在“三山五园”中修建了许多皇帝理政和衙门办公的场所，形成了众星捧月的建筑景观。

清朝皇帝在畅春园、圆明园和颐和园中理政的时间最长。康熙皇帝每年约有一半的时间居住在畅春园，最后病逝于园内的清溪书屋。

雍正皇帝平均每年有二百多天住在圆明园。乾隆皇帝除紫禁城、避暑山庄之外，平均每年也有一百多天住在圆明园。嘉庆皇帝住在圆明园的时间，多于乾隆皇帝。而道光皇帝住在圆明园的时间，与雍正皇帝相当，有时甚至全年都居住在圆明园。咸丰十年（1860年），英法联军入侵北京，咸丰皇帝逃往热河。之前他驻跸圆明园长达七年，年均时间也达到了二百多天。

雍正至咸丰年间，皇帝们大量时间是在圆明园进行理政活动的。每

图4–1　颐和园万寿山仁寿殿（灵极限提供）

慈禧太后和光绪皇帝住园期间理政的主要场所。

年的春、夏、秋三季，皇帝们都在圆明园进行工作；冬季有一个月左右的时间回到紫禁城。一般在每年的元宵节前夕，皇帝从紫禁城前往圆明园。随同前往的还有皇帝喜爱的宫眷和大臣们。

光绪皇帝和慈禧太后的大部分时间，是在颐和园度过的。（图4–2）

皇帝在哪里，哪里就是朝堂和政治中心。

雍正皇帝刚到圆明园理政时，曾对吏部和兵部说：“朕在圆明园，

图4–2　颐和园玉澜堂的东配殿霞芬室（达西摄）

玉澜堂是光绪皇帝的寝宫，慈禧曾将光绪皇帝囚禁于此。

与宫中无异，凡应办之事，照常办理。尔等应奏者，不可迟误。”雍正皇帝传旨总管太监，把紫禁城养心殿内帽架上的衣物大部分都转移至圆明园使用。

嘉庆皇帝则曾明言：“朕今驻跸圆明园，则相近地界，即与禁城无异。”

“三山五园”的理政活动

清代皇帝的许多重要活动都是在“三山五园”中处理的，如召见大臣、御门听政、任命官吏、策试选士、勾决人犯、阅试武举、立储废储，以及接待外交使节等。

康熙年间，畅春园是皇帝的避暑离宫。皇帝曾在九天之内三次驾临畅春园，处理国子监祭酒职务一事；也曾在畅春园召集大臣商讨立储事宜，在西厂内阅试武举；他还在畅春园的九经三

图4–3　香山静宜园一角（灵极限提供）

窥一隅而知全貌，可见静宜园之美。乾隆皇帝便经常在这样的环境中批阅奏折。

事殿宴请过蒙古王公大臣。此外，康熙皇帝还曾在畅春园清溪书屋多次接见罗马特使。

雍正皇帝主要在圆明园“避喧听政”，比如，他曾在圆明园的正大光明殿考选庶吉士和翰林詹事；他也曾在洞明堂审阅秋审名单。

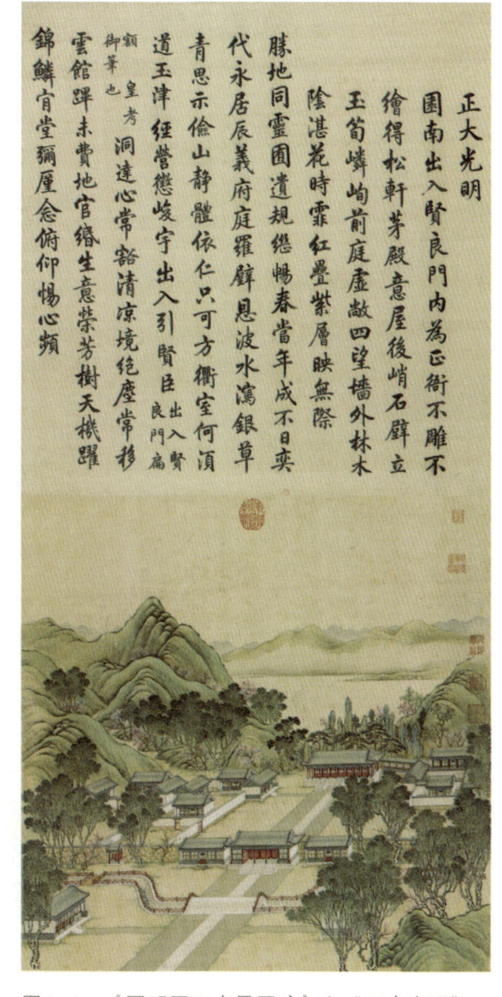

图4-4　《圆明园四十景图咏》之“正大光明”，清代宫廷画家沈源、唐岱绘（灵极限提供）

“正大光明”为“圆明园四十景”之首，实为清帝在圆明园的前朝，正大光明殿为景区主体建筑。

乾隆时期，“三山五园”的皇家园林得到大规模的扩建兴建，皇帝可以在不同的场所处理政务。乾隆皇帝曾在香山静宜园批阅关于荆州洪灾的奏折。（图4-3）他也曾在每年正月到圆明园的正大光明殿（图4-4）举行“上元三宴”，宴赏来京朝贺新年的少数民族王公和首领。乾隆皇帝七十寿辰时，班禅额尔德尼曾到北京祝寿。乾隆皇帝专门为班禅在香山静宜园修建了“宗镜大昭之庙”。此外，乾隆皇帝也曾在圆明园宴请各国使臣，并命人带领他们游览圆明园。

道光以后，科举殿试均在圆明园正大光明殿进行。咸丰以后，朝廷把以前在紫禁城太和殿举行的殿试传胪大典，也移到了圆明园的正大光明殿之中。

光绪年间，慈禧太后一直居住在颐和园。一些“新政”，如设立外务部、编练“新军”、废科举、兴学堂、改革官制、整顿吏治、振兴商务和奖励实业等，大都是在颐和园中决定和发布的。维新变法时期，光绪皇帝曾在颐和园仁寿殿接见康有为，询问变法的有关事宜。慈禧太后在仁寿殿多次接见外国使节，还允许外国使节的女眷们参观自己的卧室，以此表明清廷的开放和开明态度。（图4-5）

图4-5　颐和园的仁寿殿（达西摄）

在“三山五园”理政的原因

自辽金以来，北京西郊即为风景名胜区。秀美的西山以及余脉金山、玉泉山和瓮山，逶迤连绵，层峦叠嶂，湖泊罗列，泉水充沛。这里山水映衬，具有江南水乡般的山水景观。（图4-6）

明代书画家文征明用“十里青山行画里，双飞白鸟似江南”的诗

图4-6　北京西山森林公园（汇图网提供）

句，来形容西郊的山水景色。曹雪芹的祖父曹寅，则满怀深情地写下了“雁被西风驱谴，人被西山留恋”的千古佳句。

北京西郊的气温低于南苑，也低于紫禁城。清代学者吴长元是这样描绘西郊的：“流泉满道，或注荒地，或伏草径，或散漫尘沙间。春夏之交，晴云碧树，花香鸟声，秋则乱叶飘丹，冬则积雪凝素。”

早在辽金时期，皇室就开始在北京西郊修建离宫别院了。玉泉山下，辽代建有皇家行宫，金代建有离宫芙蓉殿，元代建有昭化寺，明代在此修建了华严寺和昭化寺，明武宗在瓮山泊湖畔建有钓台。除了皇室的离宫别苑外，当时的达官显贵和文人墨客们，也纷纷在这里修建自己的私家园林。

清代皇帝中，康熙皇帝是最早在皇家园林中办公的。当然，单纯将“三山五园”作为清朝皇帝的夏宫是不准确的。实际上，清朝皇帝的大部分时间都在“三山五园”里度过。其往往是在正月十五之前就来到畅春园或圆明园，直到腊月时才回到紫禁城中。北京的腊月和正月，还处在一片冰天雪地之中。所以，修建“三山五园”的根本原因，并不仅仅是为了简单的避暑。

“三山五园”和紫禁城，在政治功能上是互补的。明朝皇帝的活动场所，主要在森严壁垒的紫禁城内。如果皇帝离开紫禁城，就会惊动满朝文武、宦官嫔妃。但清朝皇帝却不是这样。他们一般居住在紫禁城的时间都不长。清朝贵族崛起于白山黑水之间，以游猎生活为主，与大自然有着一种天然的亲近感。入主紫禁城后，他们不仅感觉到天气的炎热，更加忍受不了那封闭、刻板而枯燥、使人备受束缚的宫廷生活。对于清朝皇帝来讲，紫禁城是一个权力的象征。只有在元旦、冬至和皇帝诞辰日等大典前夕，皇帝们才会驾临宫中。所以说，在清代的政治生活中，“三山五园”的地位是非常重要的。（图4–7）

图4-7　颐和园玉澜堂（汇图网提供）

乾隆皇帝经常在此处理政务。

此外，不管是圆明园还是颐和园，在这些园林中，首先体现出来的是一种皇权的至高无上，弥漫着一种“普天之下，莫非王土”的气息。（图4-8）从“正大光明”“勤政亲贤”“九州（洲）清晏”“万方安和”“海岳开襟”“慈航永祐”等景观的名字上，就可以看出，这些皇家园林的主人们那种君临天下的心境。

图4-8　颐和园乐寿堂（达西摄）

体现出拥有至高无上皇权的帝王们对长寿的渴望。

旷园山影

京西三山五园

5

畅春园

京国第一清华园

海淀北部，曾经有一座皇家御园，始建于康熙年间，这就是畅春园。畅春园是在明代武清侯李伟的清华园旧址上建起来的。

清华园又叫李园、李皇亲园等，《日下旧闻考》中称之为“京国第一名园”。园主是当朝的皇亲国戚。一些达官显贵、文人雅士经常来清华园游玩饮宴，留下了很多著名诗篇。如今的北京大学有一部分建在畅春园旧址上。

据说，方圆十里的清华园以水面为主体。水面被分隔成前湖、后湖两部分。湖水周围，由可以行舟的河渠构成一个水网。河道主要用于园内的运输。两湖的正中为核心建筑挹海堂。挹海堂北侧有一小景亭。亭子上悬挂的匾额，书写着“清雅”二字。清雅亭周边种有牡丹、芍药等花木。

后湖之中的一座岛屿，通过一架小桥相连南岸。小岛上建有一座花聚亭。亭子周围盛开着荷花。后湖的北岸，有一座利用挖湖土方堆叠成的山。山后，是一座巨大的高楼。楼上有台阁和廊道。人们在这里，可以清楚地看到园外香山、玉泉山的景色。园内建筑物皆按南北中轴线而纵深布置。这幢高楼，也是全园中轴线的终点。

除了土山之外，清华园还使用多种名贵山石材料叠石造山。山的造型千奇百怪，有洞壑和瀑布等景色。所用石材，皆是闻名遐迩的园林佳石。

万历年间的清华园，以山体和水体为主，体现了明中叶的造园艺术特色。园内还种植了各种花卉，其中以牡丹、芍药、荷花最负盛名。时人感叹清华园“足称花海”，引来的“绿蝴蝶为最”。

清华园以水景取胜，禽鱼花木闻名遐迩。这里的土地非常湿润，有“竹万计”的说法。这里的建筑物富丽堂皇，厅、堂、楼、台、亭、阁、榭、廊、桥，形式多样，品种齐全。建筑物的规模和布局，以及其装修、彩绘和雕饰，也都能体现离宫御园在功能和造景方面的要求。时人有“李园壮丽”之说。

康熙年间，清华园虽已开始破败，但园内布局还大体完整，保留下来的建筑也比较多。于是，康熙皇帝就在此基础上，建造了能够“避喧听政”的畅春园。

风光如画的山形水势

清皇室入关后，仍努力保持着其悍勇尚武的传统。入关后的清朝皇帝虽身居宫禁，但仍不忘习武。他们每年都要到西郊周边和京畿之外，去行围打猎。清初，皇室在京郊的主要行宫是南苑。那里地域广阔，草木茂密，是围场打猎的理想场所。

畅春园是清朝在北京西郊兴建的第一座皇家园林。具有清丽闲适风格的畅春园建成后，皇帝围场打猎的次数就逐渐减少了。南苑行宫的地位也随之下降。

畅春园在南海淀大河庄之北，东西大概有600米，南北约1000米，面积约0.6平方千米。除了建筑物之外，畅春园园内遍布了众多大小湖泊，还有一条南北走向的溪流。人们无法得知当时建造这座园林究竟用了多少银两，但据说，仅仅对园中的建筑物进行一次修葺，就花去了几十万两白银。

建造畅春园时，皇家聘请了浙江松江府的造园艺术家张琏、张然父子，也就是“山子张”，来进行设计指导，由建筑世家“样式雷”第二代传人雷金玉具体监造施工。恪尽职守的雷金玉，多次受到康熙、雍正皇帝的召见和赞赏。

康熙皇帝非常喜欢江南山水。他决定利用清华园所残存的水脉山石，来建造一座山环水抱的皇家离宫。

图5-1　畅春园的主要水源通道（达西摄）

今北大西门内北侧的细长水流，据推测可能与流经畅春园的河道有关。畅春园的水源有两个，一个是玉泉山泉水的注入；一个是万泉河的流入。

畅春园中，人工挖湖堆山有三十余处，开水体十几处。园水来自于园西的玉泉山和万泉河水。畅春园大宫门前挖了一座很大的蓄水池，人们将其称之为菱池。池水经畅春园的西红桥闸口流入园中。这处水池是古代京西丹棱沜的遗址，亦是海淀地名的始源。（图5-1）

畅春园中有多处人工叠山，主要是土埠石山和人工假山。山体和水体面积达到了70%。其布局，大而不旷，径曲有奇。

在中国造园艺术中，叠山具有很重要的位置。其具有组织风景画面，填补空间，衬托花木等多项功能。造园大家张然就是一位著名的叠山大师，畅春园中的叠山作品皆出自其手。康熙皇帝任用张然管理园林达50余年；其子孙后来也在内廷中当差。张然家族是有名的叠山世家。在当时的北京，有“南张北景”叠山两世家之声誉。畅春园中的著名假山，有云涯馆中的剑山，九经三事殿东跨院的莲花岩，清溪书屋后竹轩周围的假山等。

图5-2　畅春园风景（达西摄影）

今北京大学西门内南侧宽阔水域与新建石桥。据推测可能为流经畅春园的上游河流。

当时有人评价畅春园是南北风格相融合的园林景观。这里春有丁香、绛桃，婉紫嫣红；夏有黄刺玫、牡丹，高低错落；秋有山枫、沙罗树，叶色绚烂；冬有傲雪而开的蜡梅。这里的动物有经驯化后温顺的禽鸟，也有凶猛灵巧的飞禽走兽。这里更有宫廷佳侍女撑舟而行，增益了江南园林的情调。（图5-2）

自建成后，康熙皇帝每年都驻跸畅春园，在园中居住七八个月。每遇大典，康熙皇帝就会在园中赐宴王公贵戚、文武大臣和外来使臣等。澹宁居位于九经三事殿的东部，是康熙皇帝日常听政、引见之处。乾隆皇帝年轻时，也曾在此后殿读书。康熙皇帝的寝宫，设在园中东北部的清溪书屋。乾隆时期，畅春园改为皇太后的居所。

质朴舒适的建筑格局

畅春园被分为宫廷区和苑林区，有园门五座，大宫门、大东门、小东门、大西门和西北门。宫廷区是畅春园理政和居住的区域。沿中轴线向内依次为大宫门、九经三事殿、二宫门、春晖堂和寿萱春永殿。苑林区有前湖、后湖两个水域，以及中路、东路和西路三个景区。（图5-3）

中路是宫廷区中轴线的延续，分别有后罩殿、云涯馆、瑞景轩、延爽楼和鸢飞鱼跃亭。亭北有丁香堤、芝兰堤和桃花堤。三道大堤围合起了苑林区。春日隔河相望，在暖暖的阳光沐浴下，春风会不时吹来一阵阵清香。人们目之所及，是一片雾蒙蒙的紫云粉霞。

延爽楼是全园中的主体建筑。其北侧的前湖，水面开阔，荷花遍植，鸢飞鱼跃亭即位于此。东、西两路所散布的建筑景点依河堤土山顺势而建，东路有澹宁居、龙王庙、剑山、渊鉴斋、藏拙斋、兰藻斋、太朴轩、清溪书屋、恩慕寺和恩佑寺等；西路有玩芳斋、买卖街、无逸斋、菜园、关帝庙、娘娘庙、凝春堂、蕊珠院、观澜榭和集凤轩等。

大宫门，中部有宫门五间。门内东西两旁各建朝房五间。宫门左右各建有罩门。

图5–3 《五园三山及外三营地图》中的畅春园（灵枢限提供）

九经三事殿是文武大臣们上朝的正殿。康熙五十二年（1713年），康熙皇帝在这里举行“千叟宴”。皇室赐每位八旗老人茶点和银两。康熙六十一年（1722年），康熙皇帝病逝于畅春园清溪书屋。

寿萱春永殿是乾隆时期崇庆皇太后的寝宫。司天台就建在殿堂的西侧，是京西唯一的一座天文台。康熙皇帝博学多才，博览群书，在数学、天文、历法、物理、地理、医学等自然科学，经、史、子、集等人文科学，以及声律、书法、诗画等方面都有涉猎。因此，他在畅春园中修建了司天台。

无逸斋是康熙皇帝赏赐给理密亲王所居住的场所，内有康熙皇帝亲书的“无逸斋”三字，以及镶嵌在大殿两侧的半壁廊墙上的《尚书·周书·无逸》。无逸斋秀美而雅致，幽深而安谧。院中遍植翠柏苍松，故又得名“松竹深处”。无逸斋后有御题十韵，故名韵玉廊。乾隆皇帝曾写道："荷风凉拂簟，竹气静当轩。坐爱琴书润，浑忘鸟雀喧。"皇太后死后，乾隆皇帝为了能够朝夕侍奠，干脆就居住在无逸斋中，直至奉移后才回到圆明园。

渊鉴斋，取名于康熙年间所编撰的《渊鉴类函》。当时，这部书稿就被收藏于渊鉴斋中。

佩文斋是康熙皇帝收藏文集和书画的地方。斋内收藏的《御定佩文斋咏物诗选》，汇集了汉魏六朝、唐宋元明的咏物诗14550首。

蕊珠院建立在畅春园北部河池的中央孤岛上。其建筑形式为五开间三进重檐三层楼阁，规模非常宏大。

畅春园如今只留有恩佑寺、恩慕寺的山门，在北京大学西校门外的西南侧。（图5-4）（图5-5）恩佑寺为两进大殿，门额写有"龙象庄严"，正殿额有"心源统贯"，皆为雍正帝所御书。乾隆四十二年（1777年），崇庆皇太后病逝，乾隆皇帝"昭承家法"以寄托哀思，于恩佑寺之侧建设了该寺。恩慕寺正殿奉药师佛一尊，左右供奉药师佛108尊。

恩佑寺原为康熙皇帝的寝宫清溪书屋。清溪书屋环境幽静，清清溪

图5-4　位于北京大学西校门外的畅春园恩慕寺山门（达西摄）

图5-5　位于北京大学西校门外的畅春园恩佑寺山门（孙左满摄）

水从屋前流过。小溪两岸种植有柳树，垂条秀枝的柳条摆动腰肢，戏弄着溪水中的游鱼。清溪书屋为五开间建筑，前廊后厦，东西建有游廊，可到达书屋后殿导和堂。导和堂为五开间，也是前廊后厦，其后的院落开阔。园中建有竹轩一座，为五楹平顶，全部用翠竹编成。竹轩后叠置有大型假山，山势秀岩突兀，四面悬壁；峰下有蜿蜒石路。这是畅春园中的一座著名假山。山下遍植修竹，青翠宜人。从清溪书屋西登梯子廊可至藻思楼。该楼为三间两层建筑，窗户皆油饰以绿色，以显绿藻之意。康熙皇帝逝世于清溪书屋。

西花园是畅春园的附属花园，园中有湖泊四处。湖边布置有讨源书屋、观德处、承露轩等建筑。西花园地处万泉河畔，东依畅春园，西揽香山秀色，北望蓟门烟树，有"水土佳处"之称。在西花园南墙处，建有进水闸一座。溪水自此向北流入西花园内。乾隆皇帝的"万泉十里水云乡"，就是说此园的北国江南形胜。

西花园的正殿为讨源书屋，左右有配殿各五间；后有观德处敞宇三

图5-6　如今西山地区风景（达西摄）

曹雪芹晚年移居西山，在香山黄叶村写作、读书。当年站在香山高处东望，即可望见畅春园、西花园。此图摄于香山某处山脊。

间。讨源的意思，用乾隆皇帝的话来说，就是要师从尧舜，效法孔孟。乾隆皇帝曾在这里处理政务，引见文武大臣。

曹雪芹的祖父曹寅做过康熙皇帝的伴读，曾担任江宁织造和两淮巡盐御史，极受康熙皇帝宠信。据说西花园工程就是他监造的。据说曹雪芹晚年曾住在西山，在香山写作和读书。站在香山峰顶，畅春园、西花园尽收眼底。这里也应是曹雪芹的伤心落泪之地。（图5-6）

躬行节俭的园居生活

实际上，躬行节俭始终是康熙皇帝的治国理念。当初之所以选择在清华园建造畅春园，除其规模雄伟、风光秀丽、泉水甘甜之外，利用旧园也是康熙皇帝的初衷之一。（图5-7）

图5-7　康熙皇帝画像（灵极限提供）

康熙皇帝是一位勤俭的帝王，躬行节俭始终是其治国理政的信念。

一位名叫约翰·贝尔（John Bell）的英国医生，在其所著的《从俄国圣彼得堡到北京的旅行记》中描述道：

大皇帝（康熙皇帝）召见之日，乘骑来迎接特使及随行人员。当时大皇帝（康熙皇帝）住在北京城西的畅春园行宫。我们于晨八时起行。我们在禁卫军警戒森严的大宫门下马，由一位大臣陪同到一间大屋子内喝茶休息。等候约半小时后，我们被引入一个宽敞的庭院。其四面围以砖墙，院内种植有几行树木，估计是菩提树一类。道路均为卵石铺砌，当中一条路的尽端为正殿。殿的后面是皇帝的夜宫。道路的两侧均有美丽的花坛和水沟。所有的大臣都聚在正殿的前面，盘腿坐在皮褥垫上。我们按照指定的地点站立，在这寒冷多雾的早晨一直等到大皇帝（康熙皇帝）升殿。此时，殿内只有两三个宫监，四处鸦雀无声。正殿前面的石台阶共七级。地面是黑白相间的大理石板，按棋盘格状铺成。这座建筑物朝南的一面完全敞开，一排很光滑的木柱支撑着屋顶。大约一刻钟以后，大皇帝（康熙皇帝）自后门进入殿内，坐在他的宝座上。高出地面的宝座为木制的，雕镂得极为精致。左右和后面均是高大的黑漆屏风。（图5-8）

图5-8　畅春园风景模拟图（达西手绘）

清朝初年，来过此地的文人墨客、外国来使和教士们，都对畅春园留下了不事奢华，淳朴自然，甚至还有一些简陋的深刻印象。经常出入畅春园的一位法国传教士这样记述道：

图5-9　清圣祖康熙画像，清代宫廷画家姚文瀚绘（灵极限提供）

康熙皇帝在北京郊外造了一座他很喜爱的苑囿。他每年都要在那里度过相当长的一段时间。除了开凿的两个大水池和几条河道外，这里再也没有什么能够使人感觉到一个君主所应有的豪华气派。那里的一切确实非常洁净。建筑、庭院、布置，比巴黎郊外的一些王侯爵爷的别墅要逊色得多。（图5-9）

康熙皇帝在畅春园居住、理政的时间，每年长达100多天，这让外国使臣无法理解，如朝鲜使臣间曾有传闻："皇帝于畅春园离宫十五处，贮以北京及十四省美女，宫室制度及衣服饮食器皿，皆从其地风俗，而皇帝沉湎其中。"

后来朝鲜使团的医生进入畅春园，他这样描述七阿哥的住处：很普通，房屋与平常富户的建筑没有什么不同；内部陈设也很简单，没有什么奇珍异宝。朝鲜使臣也曾在清梵寺的小丘处向园内张望，所见"其门与墙，制度朴野，无异村庄"。康熙皇帝之所以喜欢住在这里，是因为"此处与西山玉泉相近，山水之景，田野之趣兼焉"。使臣们还注意到，清廷在畅春园外不设官署。百官每天往返二十多里奔走于城内与畅春园之间；到了这里也只能在园外的寺庙里栖身，吃饭像行军打仗一样。

雍正年间，畅春园不再是皇帝的主要行宫；到了乾隆年间，这里则成为崇庆皇太后的园居之所。朝鲜使臣洪大容在园门口略观大概，他评价说只不过是一座简朴的园林，他将清朝的兴盛归结为是康熙皇帝的功劳，盛赞康熙皇帝“六十年天下之奉。宫室之卑俭如此，宜其威服海内”。

在康熙皇帝看来，畅春园已经完全满足其对离宫御苑功能的需要。在这里，既能欣赏到自然田园风光之美，又可以了解百姓日常生活之辛苦；既可奉养慈母，又可读书、藏书，甚至完成治国、理政的繁重事务。（图5-10）

图5-10　今日畅春园旧址上修建起来的海淀公园的“御稻流香”景观（孙左满摄）

康熙和乾隆都很重视农业生产，把“重农兴穑”作为国策，畅春园内种植有水稻，使帝王既能欣赏到自然田园风光，又可以了解百姓耕作之辛苦。

在修建畅春园时，康熙皇帝缓兴土木，次第扩建，精打细算，妥善管理。为了节省开支，他将负责皇室御膳房的如御膳妇、茶妇、果子妇、小黄米饽饽妇、麦面饽饽妇等从紫禁城内调拨过来，按日坐班，计日领薪，以减少不必要的开销；对每年过冬后所剩余的炭和木柴都要清查数目，以作为次年所需。

康熙和乾隆时期，畅春园还是皇家奉养皇太后的地方。（图5-11）康熙皇帝移住畅春园后，就把祖母太皇太后（孝庄文皇后）和皇太后（孝惠章皇后）接到畅春园内居住。两位皇太后“喜居郊园”，对畅春园十分满意。老太太们就在园内的“澹泊为德行宫”居住下来。

图5-11　清《孝庄文皇后朝服像》立轴，绢本设色，北京故宫博物院藏（灵极限提供）

雍正年间，畅春园的“九经三事殿”被用来停放孝敬宪皇后的灵柩。

乾隆皇帝为崇庆皇太后修缮新居，将“澹泊为德行宫”改名为“春晖堂”，其后的寝殿叫“寿萱春永”，作为皇太后的常年居所。崇庆皇太后去世后，灵柩就安放在“九经三事殿”。

乾隆皇帝的母后经常出园去六郎庄村南楼欣赏江南水乡风景。六郎庄村南有一处孤岛。皇室在岛上修建了一座两层楼阁。楼前有很大一处莲池。每年夏天，乾隆皇帝都要陪着母后登楼赏荷，消夏赏景。母后看到村中农夫犁田、插秧劳动之情景，就命令宫中的太监赏赐给田中农夫、农妇每人一顶草帽、一条布巾。

嘉庆年间，皇室没有了皇太后，畅春园就丧失了其功能。到道光时期，皇帝就很少驾临畅春园了。朝鲜使团到畅春园游览时，看到的已是无人看守的园子，只有“满山树木成林，碍人窥望，而亦见阻不得入”。

消失殆尽的一代名园

1860年，英法联军攻占北京，畅春园被烧毁。

同治年间，皇室重修圆明园时，拆卸了清漪园、静明园、静宜园所存建筑用材，唯独不见畅春园被拆用的记载。由此可想，当时畅春园内的建筑物可能早已荡然无存了。

八国联军占领北京时，畅春园再次遭到了洗劫。园内树木山石均被毁坏殆尽。

光绪年间，园内已是“零础断阶，蓬蒿瓦砾”，部分沦为荒野废墟，部分已经辟为农田。

清末时，皇室将畅春园的护园河道和湖泊填平，开辟为训练新式军队的操场和营房。著名的“西苑操场”，就是占用了畅春园的故地。到宣统年间，畅春园一带已经成为一片稻田、水洼和土岗子了。

燕京大学建校时，人们曾从畅春园东北的渠道中引水。该渠水下注到未名湖，使其成为校园内的一处风景。（图5-12）

1949年后，“西苑操场”只作为一个地名被保留下来。

20世纪50年代初，畅春园故地的大部分区域被辟为稻田和农田。

图5-12　今日北京大学未名湖风景（图虫网提供）

如今，畅春园遗址部分划归北大，部分修建了畅春新园、海淀公园，还有部分修建了楼宇、街道等。

一代名园，就这样被历史的洪流所淹没了。

旷园山影

京西三山五园

6

圆明园

九州（洲）四海的山形水势

自雍正至咸丰十年（1860年），圆明园一直是清朝皇帝在北京最重要的御苑。其不仅是皇家行乐和理政的场所，也是接待外国使臣、举行宴会的地方。

圆明园始建于康熙年间。康熙四十八年（1709年），康熙皇帝封皇四子胤禛为雍亲王，赐园并书写园额“圆明”二字。雍正二年（1724年），为了修葺圆明园，雍正皇帝专门找了济南和潼关的两位官员来查看风水。从圆明园的外形、山水等方面来看，与“天下之大势”完全吻合，“九州四海俱包罗于其内矣”。

圆明园是完全按照“天下”版图设计的：西北角的紫碧山房为最高点，象征着昆仑山脉；整体地势西北高东南低；园林水系和山脉迤逦萦回，象征着“外九州，大瀛海”；九州（洲）景区是全园寝居生活的核心。圆明园的山水格局就像一块中国版图。

圆明园位于畅春园迤北。在修建园林的过程中，清朝皇帝非常尊重当地风俗，保留了大量体现民间信仰的建筑物，如刘猛将军庙、关帝庙等。

雍正三年（1725年），雍正皇帝服丧期满后，正式来到圆明园居住。自此之后，圆明园成为清朝皇帝的主要御园。清宫画家、法国人王致诚描述圆明园："神仙宫阙之忽现于奇山异谷间，或岭脊之上，恍惚似之，无怪其园之名圆明园。盖言万园之园，无上之园也。"

图6-1 《圆明园四十景图咏》之"武陵春色"，清代宫廷画家沈源、唐岱绘（灵极限提供）

圆明园地处平原地带，没有真山。人工堆成的小山连绵不绝，气势逼真。（图6-1）园中以水景为主，一派烟水迷离、萦回变幻的江南风光。挖湖堆的土山和叠石假山，约占全园面积的三分之一。这些山环水绕的空间，大部分都被纳入"圆明园四十景"之中。（图6-2）

图6-2 今日圆明园一隅（汇图网提供）

园中的大量山石，反映了乾隆中期叠山艺术的重大转折，即向奇巧玲珑、烦琐堆砌的方

图6-3 圆明园中仿江南名园的叠石景观（达西摄）

向演变。为了更逼真地再现江南名园的叠石景观，乾隆皇帝不仅大量采用造型接近太湖石的北京西山玲珑石，还专门征召江南匠师完成假山的塑造工作。（图6-3）

圆明园水体丰富，占总面积的40%。纵横交错的河道，是其主要交通路径和后勤补给线。圆明园水体的变化也很复杂，有宽广的湖面、狭窄的溪流、山间深涧、水庭和涌泉。前湖、后湖、福海以及若干河道，构成了全园的水系。

圆明园东部的长春园，更是处于河湖之间。绮春园也是河、湖相隔，水景内容丰富多彩。圆明园几乎囊括了古典园林用水之全部形态，包括海、湖、池以及带状流动的溪流和瀑布等。（图6-4）

图6–4　水体丰富的圆明园一隅（达西摄）

“说起离宫，那真是魅力无穷。离宫占地宽阔，其中山丘高约二十至五十尺。这样便形成了数不清的溪谷，清水顺溪而下，于几处交汇成湖泊或水塘。人们可以在湖面上乘舟荡漾。河水时而宽阔，时而狭细；微风袭来，水面一片涟漪，宛如山丘和岩石在动。”王致诚曾这样描述道。

也因此，“圆明三园”的桥梁很多，且形式各异，有石梁桥、石拱桥、木梁桥、木亭桥、木曲桥、可开合式的木板桥等。（图6–5）

“夹镜鸣琴”景区的石拱桥数量较多，有单孔、三孔、九孔等多种。“长春仙馆”景区的鸣玉溪桥，为带有桥亭的单孔石拱桥。最长的九孔桥在“曲院风荷”景区，作为连接“天然图画”与福海景区的主要交通桥。园中最多的是一种三跨的木梁桥。在圆明园的陆路交通中，这

图6-5　圆明园中的桥梁形式各异，长短不一（达西摄）

些桥不仅承担着重要的功能，而且还构成了一道道美丽的风景线。

山形、水系是圆明园的骨架和灵魂。目睹过圆明园盛景的一位西方人描述道："所有山丘都覆盖着树林和花卉。河道的驳岸都不像我们那里以打磨光滑的石块镶砌，而是以粗糙的、极不规整的石块堆叠。河道时宽时窄，岸边遍植花木。花草从岩石缝里生长出来，仿佛是自然而生。花木四季不同。"

圆明园是逐步修建而成的。最初圆明园的规模很小，范围也就是在前湖和后湖的周边。康熙皇帝驾崩后，雍正皇帝对圆明园进行了扩建，修建了"圆明园四十景"的二十八景，包括"正大光明""勤政亲贤"和"镂月开云"等。

乾隆时期，国库充裕，皇室就对圆明园进行了第二次扩建，最终形成了“圆明园四十景”。此外，在圆明园的东面增建了绮春园和长春园。

经过三代帝王的不断扩建，“圆明三园”的建筑面积达到了0.16平方千米。全园有大小景观数以千计，成为“三山五园”中规模最大的御园。“圆明三园”中共有楼阁120座，亭子140余座，桥梁近200座，大小庙宇数十座，戏台十余座，船坞九所，习武马道两处，以及超过11千米长的外围大墙和30余座园门。圆明园多处悬挂有康熙、雍正、乾隆、嘉庆、道光和咸丰诸帝御题的匾额。

圆明园的建筑物风格形式多样，有宗教建筑、西洋建筑和仿照名山胜景的文化景观等，满足了皇家朝政、宗教、文化和娱乐等多种需求。如圆明园内有一处宏伟的建筑群，就是想象玉皇大帝的南天门而建的，名为“方壶胜境”。其旁边，就是仿照西湖建筑的景观“三潭印月”。

圆明园最盛的时期是由五座风采、情趣不同的名园所组成，包括圆明园、长春园、绮春园，以及附属园林熙春园、春熙院。

春熙院，最初名为淑春园，始建于康熙年间，也是一座皇帝赐园。乾隆年间，其北部被改为春熙院，成为圆明园附属园林，南部沿用原名，赐予和珅。

春熙院有两个宫门。南宫门面阔三间，两边各有朝房一组。门内有三孔板桥一座，过桥即为主殿春润堂。春熙院内有两湾小湖，溪水相连，湖中有岛。东边湖畔有殿阁，名叫三间楼。北岸有一座点景楼。除此之外，园内还有鹤来轩、融绿堂、凝芳轩、静香阁、披霞榭、月宜室、静娟斋、雅涵堂和真赏室等建筑物。

春熙院的南面便是长春园的西洋楼，北邻清河。园外的河滩湿地，引来了很多野鸭、野鸟在这里觅食嬉戏。顺着圆明园北墙举目遥望，西山一览无遗，美不胜收。乾隆年间，春熙院修缮一新，乾隆皇帝亲自为

图6–6　今日的圆明园水面，仍有水鸟栖息（达西摄）

该园题写匾额、楹联、横批等。同时，乾隆皇帝还命令在此生活过的皇亲国戚们挥毫作画。

圆明园不仅有巍峨殿堂和豪华宫苑，还有一片片具有生态之美的自然景观。白猿、麋鹿、朱鹮、仙鹤、孔雀、天鹅等动物曾在这里自由生息，婉转啼鸣。据说园吏为讨皇上喜欢，将饲养在鹤来轩的仙鹤翅膀剪断，以防止其飞走。为此，乾隆皇帝非常生气，多次降旨不允许这样做。他主张“长翼任去来，是乃全其天”。结果仙鹤们“久去弗来”，鹤来轩变得名不符实。（图6–6）

嘉庆年间，皇帝把春熙院赏赐给庄静固伦公主。道光和咸丰年间，熙春园又被分隔开，赐给皇子们居住。“圆明五园”不再。

从长春园的南宫门进园，经过一座牌楼，迎面的建筑群叫澹怀堂。澹怀堂的北面有南长河流过，通过横跨南长河的十孔石桥——长达四十

图6-7　圆明园方河位于西洋楼景区，其南北两岸是西洋楼界墙（达西摄）

米的长春桥，便可登上长春园面积最大的岛屿——中央岛，中央大岛上的“含经堂”是长春园中最豪华的建筑群。中央岛东西两边各有小岛，西面为“思永斋”和圆形湖景“海岳开襟”。东为“玉玲珑馆”和“映清斋”。长春园的北部是著名的西洋楼，是一组欧式宫苑建筑群，包括远瀛观、海晏堂、大水法、观水法等。长春园沿湖岸布置有众多点缀景观。河流、池塘、湖面与洲岛相嵌，大小形态各异，富有变化。（图6-7）

绮春园有敷春堂、清夏斋、凌虚亭和正觉寺等众多著名建筑。绮春园山岗穿插，水系回环，布局自由散漫，大体说来，是一个小型的水景园集锦。

多种多样的建筑形式

圆明园的建筑形式多种多样，有殿、堂、亭、楼、塔以及寺庙、道观、村居、街市等，应有尽有。

圆明园中修建有各种类型的寺庙。这些寺庙是皇室用以求福、祭祖的场所。清朝皇帝每年都要举行各种各样的祭祀和宗教活动，有时还和民间一样举行比较隆重的仪典或游乐活动。如从乾隆时期开始，每月的初一和十五，清皇室都要到广育宫焚香拜佛。

圆明园中有佛寺、喇嘛庙、道观、清真寺、祠堂等。园林之中，掩映着带有浓厚宗教文化色彩的建筑，如“蓬岛瑶台”、“方壶胜境”、安佑宫、正觉寺、舍卫城等。园中寺庙并没有严格遵从传统规制使用琉璃瓦，但比一般宗教建筑更为华丽，造型更加优美。

安佑宫为圆明园中最大的一组宫殿，是园内的皇家祖祠，是按照故宫的太庙仿建的。殿内主要供奉着康熙、雍正、乾隆等皇帝的巨幅御容画像。这里还供奉着2200多尊佛像，30余座佛塔。

舍卫城是一座仿照古印度的舍卫城建造的佛教建筑。城内有殿宇、房舍，以及数十万尊佛像。这里还供奉着民间的关帝和龙王。（图6-8）

图6-8　圆明园中的佛教建筑舍卫城遗址（达西摄）

“月地云居”是一组古刹式的建筑群。西洋楼景区的方外观和烟月清真楼是清真寺。“方壶胜境”取材于道家的仙山琼阁，是中国道教的代表性建筑。

绮春园南部的正觉寺，又被称为喇嘛庙。正觉寺建于乾隆年间，为五层殿宇。在圆明园的劫难之中，正觉寺未遭受到重大毁坏。

圆明园也将欧式园林景观纳入其中，建造了谐奇趣、海晏堂、黄花阵、远瀛观、方外观和线法山等西式建筑，俗称西洋楼。东西长仅为800米的西洋楼景区，是圆明园中最为独特的区域。

整个景区的建筑、喷泉、雕塑、植物皆仿自巴洛克或洛可可风格，并杂糅中国传统建筑手法。建筑材料使用汉白玉石，屋顶覆盖着琉璃瓦。水法中还有铜质的鹅、羊、猫、鸭、鱼、猴、梅花鹿、猎狗、仙鹤等动物形象。在这里，建筑、喷泉、迷宫、雕塑、绿篱、水池等西方园林要素一应俱全。从平面布局到具体形象，均接近于法国的古典主义造园艺术风格。

谐奇趣在西洋楼景区的西边，建筑呈半圆弧形，主体建筑为一座三层的欧式水法（喷泉）大殿：第一层为七开间，前有半圆形高台，后接平台三开间；第二层亦为七开间；顶层为正楼三间。大殿东西侧前端伸出弧形平台游廊各九间，尽头以八角形双层音乐厅为终。谐奇趣的楼阁以艾叶青石为柱，柱头柱身皆仿罗马柱式；楼顶覆琉璃瓦。正南方有两边呈弧形的台阶直通二楼平台。台前建有一座大型海棠式喷泉池，楼北有一座小型菊花式喷泉池，皆设有铜羊、铜鸭和西洋翻尾石鱼等组成的喷泉。

谐奇趣东面为方外观。（图6-9）为了讨得容妃（香妃）的欢心，乾隆

图6-9　方外观遗址（达西摄）

皇帝将其改为清真寺。方外观东面是海晏堂，为景区中体量最大的建筑。（图6-10）海晏堂由正楼和后工字蓄水楼所组成。正楼左右有叠落式喷水槽，阶下为大型喷水池。池左右排列着的十二生肖人身兽头铜像，为

图6-10　海晏堂遗址（达西摄）

图6-11　大型水景大水法遗址（达西摄）

图6-12　线法山遗址（达西摄）

具有时间计算功能的水力钟。大水法与远瀛观居于中部，由南向北排列。大水法是一处专为观赏喷泉而建造的大型水景。（图6-11）昔日水景完好时如山洪倾泻，巨响声传数里。大水法多用石材和琉璃建造，被看作是圆明园的标志性建筑。远瀛观建于大水法北面的高台上，一度将此作为容妃的寝宫，内置各种西洋家具及物什。大水法南面是观水法，即皇帝观看“水法”的座席。大水法东面的线法山是一座人工堆成的土山，山顶有一座西式凉亭。在亭内可眺望大水法、远瀛观及东面的方河和线法画。（图6-12）

圆明园部分景观取材于一些中国神话传说和诗画意境。如“蓬岛瑶台”为仿李思训的“仙山楼阁”画意；“武陵春色”为再现陶渊明《桃花源记》的境界；“上下天光”取意于范仲淹的《岳阳楼记》，表现洞庭湖的气蒸云梦泽；“杏花春馆”是仿杜牧的杏花村诗意。“濂溪乐处”是赞颂荷花“出淤泥而不染，濯清涟而不妖”；“廓然大公”是从无锡文人园林“寄畅园”移植过来的；“水木明瑟”是模拟扬州瘦西湖“水竹居”。

清代皇家园林喜欢模仿江南名园胜景，其中最为常见的手法是“以园仿园”。圆明园内仿建了许多江南名胜，如“平湖秋月”“雷峰夕照”“南屏晚钟”“曲院风荷”“柳浪闻莺”“花港观鱼”“三潭印月”“两峰插云”“苏堤春晓”“断桥残雪”，就是模仿杭州“西湖十景”的。圆明园还仿建了庐山的“西峰秀色”、海宁安澜园的四宜书屋、南京瞻园的茹园、苏州的狮子林（图6-13）、杭州汪氏庄园的小有天园。

图6-13　今日苏州狮子林一角（汇图网提供）

仿建的杭州“西湖十景”中，可分为写实和写意两类。写实的有“三潭印月”的葫芦塔、“断桥残雪”的石桥、“苏堤春晓”的湖堤等；写意的有“平湖秋月”“双峰插云”“花港观鱼”“柳浪闻莺”“雷峰夕照”“南屏晚钟”“曲院风荷”等。后者虽然没有再现西湖的真实景物，但周边环境还是与杭州西湖意境相投。

苏州狮子林以园中奇石如狮而得名。乾隆皇帝在长春园中仿建了狮子林。狮子林位于长春园东北角，西临丛芳榭，以围墙环绕。园门采用石拱门的形式，跨于南侧溪流的东端；旁设“狮子林”石刻匾额。清朝皇帝平时可乘船由此入园，也可从旁边的码头入园。园中有清淑斋、横碧轩、探真书屋、小香幢、延景楼等建筑。一条小溪向北流出，与西洋楼景区连通。

乾隆皇帝曾经为长春园狮子林写过不少诗。北侧山石间的磴道上镌有乾隆皇帝御题《磴道》诗。“虹桥”桥身两侧也刻有御制诗。延景楼北面的石峰中，有一座三间歇山顶的云林石室。石室周围叠石尤为精美，上刻有3首乾隆皇帝的题诗。中华民国时期，石室移至北京西城南半壁街，也就是今天西交民巷的一所宅园中，至今尚存。

庄严凝重的宫廷禁区

从大宫门到九州（洲）清晏，分布着圆明园的“外朝”和“内寝”宫廷区。

“外朝”宫廷区是皇帝处理内政外交的临朝听政之处。在“外朝”宫廷区内，有大宫门、金水桥、二宫门、正大光明殿、勤政亲贤殿、东西配殿、各部院衙门和朝房等建筑。大宫门上悬挂着雍正皇帝御书的“圆明园”匾。其后有朝房27间，并设有清廷的办公机构，如军机处、内阁房、六部朝房、都察院、翰林院、理藩院、南书房、银库、清茶房、膳房、堂档房、造办处、升平署和八旗营房等。大宫门后为二宫门，又叫出入贤良门，两翼有左右值房各五间，是各部院大臣入值的场所。东侧的罩门距离勤政殿极近，是各衙门官员奏事的专用入口。罩门外有东西如意门，门内西侧设翻书房。院北端为洞明堂。东院与勤政亲贤殿相通，为办公场所；西院内设茶膳房。东南方向为清代最重要的权力机构军机处值房。

从雍正时期开始，清朝皇帝们每年的大部分时间都是在圆明园中度过的。雍正皇帝执政伊始，为了加强自己的专制权力而设置了军机处。

图6-14 如今已成一片空地的正大光明殿遗址（达西摄）

圆明园军机处的值房就在出入贤良门外的御河之南，称为军机堂；其左右分别为汉、满章京值房。

出入贤良门内为正大光明殿，是圆明园的正殿（图6-14），是外朝区的中心建筑。正大光明殿主要用于举行朝会和重大庆典，如上元赐宴和燃放烟火；皇帝寿诞行礼和举行宴赏；接见外国使臣；御考、钦点状元等。正大光明殿有山廊与洞明堂西廊相接。殿后为寿山，石笋嶙峋。西北通往前湖，经南大桥达“九州（洲）清晏”。正大光明殿被施以油饰，使用了多彩斗拱和彩画。（图6-15）正大光明殿宽阔威严，在举行盛大

图6-15 正大光明殿前广场遗址出土的建筑残迹（达西摄）

仪式时坐在龙椅上的皇帝能够看清院内每一位大臣。

“勤政亲贤”景区有勤政殿、飞云轩、“怀清芬”、“秀木佳荫”、生秋庭、“芳碧丛”、保合太和殿和吉祥所等建筑，是“外朝”中最重要的理政空间。其他的一些附属理政空间，位于宫门外。“九州（洲）清晏”“万方安和”“正大光明”“勤政亲贤”“廓然大公”等景观的名称，无不表达出帝王们对江山社稷的政治诉求。

位于景区西部的勤政殿是皇帝批阅奏章、召见群臣的地方，建于雍正年间。勤政殿的外檐，悬挂着雍正御书的“勤政殿”匾。其为一座独立院落，游廊环绕；面阔五间，前后各出三间抱厦，歇山顶。勤政殿的东书房分为前后两间，中央三间分为前后两部分。整个殿宇空间尺度不大，以方便实用为主，不太讲究礼制和排场。清代后期特意在东南槛窗上设置大玻璃，以防人窃听。除了批阅奏章和议事之外，清朝皇帝最正式的朝会形式是“御门听政”。勤政殿有时也用作接见外国使者。（图6-16）

景区中部空间宽阔，分设前中后三殿。前殿“芳碧丛”是五间周围廊歇山敞轩，四周不设槛窗，中央设宝座；院落里曾搭建过凉棚，与百竿翠竹和玲珑湖石相映成趣。其四面开敞，最宜于夏日办公。中殿是保合太和殿，为整个景区的主殿。保合太和殿为九间歇山周围廊大殿，前

图6-16　仅剩一片空地的勤政殿遗址（达西摄）

出三间抱厦，可分为中部和东西暖阁三个区域。暖阁中均设有仙楼和隔断。西暖阁悬“勤政亲贤”和“养性”等匾额，规模大于勤政殿。嘉庆皇帝经常以保合太和殿为夏季批阅奏折之处。保合太和殿北侧为富春楼，与保合太和殿之间有游廊相接。富春楼东侧跨院中有一座五间殿，名“竹林清响”。

景区东部的吉祥所由五进院落组成，前院设宫门和垂花门。

“勤政亲贤”区建筑布局精巧，园林氛围浓郁，庭轩明敞，与“正大光明”景区的严整肃穆形成了对比。

圆明园中的理政殿宇均靠近宫门，院落格局简单，大多不设厢房。主要的殿宇通过抱厦和套间等形式，营造出灵活可变的室内空间，很好地满足了日常办公、召见接待的功能需求。整个景区只有“静阁”“秀木佳荫”和“竹林清响”是没有明确功能的建筑物。

“九州（洲）清晏”景区是由三路并列的庭院组成，格局繁复，是清朝皇帝和后妃生活起居的主要场所。（图6-17）景区中轴线有“九州

图6-17 《圆明园四十景图咏》之“九州（洲）清晏”，清代宫廷画家沈源、唐岱绘（灵极限提供）

图6-18　圆明园中刻有“九州清晏”的巨石（达西摄）

（洲）清晏”“奉三无私”“圆明园”三大殿。此三座大殿，是帝王们使用最频繁的建筑。（图6-18）圆明园殿悬挂着康熙帝御书的“圆明园”匾额，为寝居区门殿兼前厅。奉三无私殿相当于内客厅，每年正月十四在此举办“上元三宴”中的首宴和宗室宴；正月十五在此举办“内廷宴”；万寿节、端午节和中秋节时，也在殿内设宴；殿内还建有戏台，供帝王后妃们欣赏歌舞戏曲。九州（洲）清晏殿前檐悬雍正帝御题匾额“九州（洲）清晏”，临近后湖，为帝王后妃们的寝宫，清朝皇帝有时在此批阅奏章。

形态殊异的园林景观

“九州（洲）清晏”以及周边的“镂月开云”“天然图画”“碧桐书院”“慈云普护”“上下天光”“杏花春馆”“坦坦荡荡”“茹古涵今”（图6-19）九处景观合称九州（洲）景区，分别位于九个小岛上，寓意九州（洲）大地河清海晏，天下升平，江山永固。

图6-19 《圆明园四十景图咏》之“茹古涵今”，清代宫廷画家沈源、唐岱绘（灵极限提供）

该景为皇帝冬季读书之地。四周宽敞清幽，是清朝皇帝与大臣谈古论今、吟诗作画的地方。

“九州（洲）清晏”是园内防范最严的禁区，官员、园户和匠役们皆不能擅过如意桥、南大桥。遇有应修活计，亦须预先奏报关防。皇帝驻园之时，周边“镂月开云”“天然图画”“茹古涵今”和“坦坦荡荡”四处的园户们都不能进园当差。

“池上居”为“九州（洲）清晏”的一处小景，外侧即为后湖。其辟有石渠引水，注入半亩方塘。水池三面环以游廊，四边砌石为驳岸，池畔有苍翠的九株古松和假山叠石。“池上居”室内藏有很多名家书画。除此之外，藏书楼文源阁前也有一片较大的水池，中心竖立大型湖石“玲峰”，两岸叠石斑驳，遍植青竹。

“九州（洲）清晏”的植物种类很丰富。人们多在建筑的南侧种植高耸的梧桐、油松和柏树，以及芍药、丁香、海棠、玉兰和连翘等；后庭内种植有少量植物，来美化、点缀建筑的游憩空间；槐树沿堤岸种植，形成了空间围合感；皇帝读书的慎德堂，庭院中央有孤植树；沿河堤护坡和桥梁出入口处，种植有槐树、桃树和榆叶梅等。

九州（洲）景区还用竹林来分割和围合空间。种植的槐、梅等使建筑被绿色所环绕，形成了天然屏障。各岛屿之间的桥廊间连续栽种槐树、柳树等，成为联系景点的绿色纽带。建筑或庭院内多植有杏花、桂花、海棠、玉兰等植物。浓密的树木屏障，形成了岛体的空间和体量感。

圆明园中的通行主要通过水路和陆路。陆路是出入九州（洲）景区的主要方式，而水路是帝后们经常采用的方式。通过视野和视点的变换，水路丰富了帝后们对圆明园各景观空间的体验。

后湖九岛上的建筑物各成院落，湖上环线周围多以土山遮挡，临岸点缀曲桥、亭榭，其余部分基本掩映于假山、花木之下，从岛外难窥究竟。九州（洲）景区还包括宫门区水系和前湖。贤良门宫墙外是一个弓形河道，其是仿照紫禁城金水河的样式而建造。河道上置有三座石桥，是清朝皇帝观射场所之一。河道同时也起到护园河的作用。

图6-20　“圆明园四十景”之“坦坦荡荡”景观的金鱼池（达西摄）

乾隆皇帝经常去此处的金鱼池喂鱼取乐，如今这里的金鱼池仍在。

“坦坦荡荡”位于后湖西岸，是杭州“玉泉鱼跃”景致的变体。这里地势平坦，仅西部沿岸一带为较低矮的土山。方形水池旁设平台、水榭、小亭、栏杆。水中置有湖石，以砖石砌筑，周边设有石栏杆。平台和平桥通道上安有红木栏杆。栏杆围合的方池，宛如一个放大的金鱼缸。池水环绕中央的平台水榭，不但使得水面具有一定变化，同时也增加了观赏游鱼的立足点，缩短了视线距离。整个建筑群布局疏朗，主次分明。当年乾隆皇帝园居期间，就经常在清晨的时候去“坦坦荡荡”的金鱼池喂鱼。屋顶平台是俯瞰欣赏游鱼穿梭的最佳位置，同时还可看到池北侧的碧澜桥。（图6-20）

在清代御苑中，圆明园所含观鱼型景观最多。在清代张廷彦所绘的

《弘历御园行乐图》中，乾隆皇帝身着汉装倚坐在怡情书史殿北侧的廊下，注视着眼前的一方鱼池。两位侍从伴随左右。有趣的是，这幅画当时就裱糊在该画面中乾隆皇帝身后的墙壁上。一窗内外，亦真亦幻，妙趣横生。

“上下天光”位于后湖北岸，近似于一个梨形。其南部较为平坦，以一座两层滨水楼阁为主景；中以土山围合，仅在西南留有一狭窄山口；山谷内自成一区，点缀着数座小屋，称为平安院。

“上下天光”（图6-21）是后湖岸上的一处点景建筑。“饮和”“平安院”等额为雍正皇帝御书。夏秋之际凭栏赏月，后湖水天一色，别有一番风味。道光年间，涵月楼内酒宴频开。端午、中秋佳节，帝王也在此

图6-21　“圆明园四十景”之“上下天光”遗址（达西摄）

“上下天光”建有上下天光楼，取意于洞庭湖岳阳楼，如今仅在原址空地上竖起石碑作为纪念。

宴饮听戏。

“杏花春馆”位于后湖西北方向，四面环水。“杏花春馆”和“九州（洲）清晏”，是圆明园最大的两个景区。康熙年间，这里被称为菜圃，后称为春雨轩。雍正时期被称为杏花村，取自晚唐诗人杜牧诗作《清明》中的“牧童遥指杏花村”，以表达帝王和皇室对淳朴的平民生活和田园情趣的向往之情。乾隆初期改称“杏花春馆”。（图6-22）

图6-22 《圆明园四十景图咏》之“杏花春馆”，清代宫廷画家沈源、唐岱绘（灵极限提供）

此处建筑物模仿农家小屋，四处散种杏花；中央围着一片菜畦小圃；圃之北设了一座井亭，有灌溉小渠和连通菜地的作用。乾隆年间，这里矮屋疏离，环植文杏，辟有园圃，一派村野景象。后来皇帝在原菜圃处挖土凿池，引入湖水，增添了春雨轩、“涧壑余清”、镜水斋、“赏趣”、翠微堂、得树亭等建筑景点，使此处成为山水相映的饮酒、观雨、赏杏花之地。

在圆明园，还有许多像“杏花春馆”这样具有田园风光及耕织文化的景区，如“澹泊宁静”“映水兰香”“水木明瑟”“多稼如云”“鱼跃鸢飞”“北远山村”“紫碧山房”和“武陵春色”等。巍峨宫苑与那些观稼、休闲、娱乐、宴请、读书等景点交相呼应，共同构成了别具风格的“宫廷式田园风光”。开辟田地或菜圃，是为了能在园中观农事、验农桑、知农情、想农忙。这体现了几代帝王“重农桑以足衣食”的治国思想。在圆明园种田、养蚕，是皇帝及后妃们每年春季首先要做的大事。

法国传教士王致诚描述道：夜晚，所有的宫殿、楼宇、树林灯火通明。那里田野、草地、民房、茅屋、水牛、耕犁及其他农具，一切应有尽有。农夫们播种小麦和水稻，种植蔬菜和各种粮食作物，收割庄稼，采摘水果，尽可能地模仿田间的农作和简朴的乡野生活。

九州（洲）景区是圆明园的核心区域，除此之外，园内其他景区也各具特色，美不胜收。

建自康熙年间的“武陵春色”，四面青山环抱，以桃景而著名，复现了《桃花源记》中“落英缤纷”“屋舍俨然”的景象。自东南角的“桃花洞”驾舟进入到宁静清幽的溪流之中，一种迷离扑朔、舟行景异的感觉扑面而来。顺溪北上，迎面是一片湖泊。不高的山体四面围合，营造出了世外桃源的隐逸氛围。宽阔的水面与狭长的溪流，形成了鲜明

图6-23 “圆明园四十景”之“武陵春色”遗址（达西摄）

的对比。（图6-23）

“武陵春色”溪流绕岛，湖光桃花。雍正皇帝赞其为“一潭空似镜，碧色动帘衣”。桃花是“武陵春色”的特色景观，每到冬去春至之时，“武陵春色”的桃花就会成为圆明园咏春的焦点所在。

“山高水长”景区位于御园的西南角，为大片平坦空地。这里是清朝皇帝骑马、射箭的场所。“山高水长”东侧有一组建筑，为二层九开间的“山高水长”楼。登楼向西凭眺，视野非常开阔。（图6-24）

“万方安和”为水上平台，其建筑原貌为“卍”字形平面，卷棚顶建筑物。“万方安和”景区有仙楼、寝宫、膳房、佛堂和戏台等。其南面设有码头，东北处有板桥与驳岸陆地连接。岸上东北角为附属直房院落。直房北面有三间东面抱厦；南侧是一座单孔拱券桥。“万方安和”

图6-24 《圆明园四十景图咏》之“山高水长”，清代宫廷画家沈源、唐岱绘（灵极限提供）

北面正对着绵延的山脉，岸边设有假山石。南岸有十字亭一座。西岸设有响水，隐约可见其后的藏船坞。该建筑采用了中西合璧的设计手法。（图6-25）

“坐石临流”以兰亭曲水流觞为主题。景区东南有同乐园大戏楼，北端为舍卫城，中部有一条买卖街。（图6-26）

图6–25 《圆明园四十景图咏》之“万方安和”，清代宫廷画家沈源、唐岱绘（灵极限提供）

买卖街呈南北向，长为一百多米，中间有河流穿过。河上架设着双木板踏跺桥。买卖街道路笔直，街道和建筑开阔敞亮，为典型的北方商业街缩影。街道旁设有各种形式的商铺，包括当铺、首饰楼、银号、香蜡铺、纸马铺、油盐铺、菜床子、粮食铺、颜料铺、茶馆、南酒铺、干果铺、兵器铺、鞍鞯铺、文具店、古玩店、酒馆、饭庄、估衣铺、瓷器店、漆器店、丝绸店、布店、书店、木器家具店和鸟雀店等。店铺以二层楼房与单层坡顶房为多，铺前多带有平顶棚子和高高的幌子。路面采

图6–26 《圆明园四十景图咏》之“坐石临流”，清代宫廷画家沈源、唐岱绘（灵极限提供）

用砖砌，两侧散种花木。

位于圆明园东部的福海，水面极为辽阔，象征着茫茫东海。福海中央，有代表蓬莱、方丈、瀛洲仙山的三座小岛。岛屿彼此曲桥相连，构成“蓬岛瑶台”景区。

“蓬莱洲”小岛居中，形似正方，四周叠石成岸。岛上有建筑物围合成方整的庭院。皇帝时常在此休息、传膳。院南、东、西三面均为楼阁，建造有镜中阁、畅襟楼和神州三殿。其余小岛，规模更小，格局也

图6–27　圆明园广育宫遗址（达西摄）

非常简单。“望瀛洲”是一座重檐方亭，坐落在福海西岸。每年端午节期间，皇室的王公贵族们都在此观看福海龙舟竞渡。此处也是欣赏“蓬岛瑶台”景区的最佳位置。福海岸边多建临水亭榭，还种植着垂柳。从“望瀛洲”东望，“蓬岛瑶台”在绿荫的映衬下，神秘而美丽。

福海南岸“夹镜鸣琴”景区的主体建筑，是一座建于石桥之上的方亭，取唐代诗人李白“两水夹明镜”的诗意。石桥东侧的岛上建有广育宫，包含幡杆、牌坊、山门、正殿、配殿等。周围松树环绕，颇有山林气象。其殿宇均采用黄色琉璃瓦和红色墙壁，在圆明园祀庙祠宇中较少见。殿中所供奉的碧霞元君，相传是东岳大帝的女儿，主管繁殖和生育。园居的嫔妃、公主们经常坐船来广育宫祭拜求子。（图6–27）

“方壶胜境”景区位于圆明园东北角，以仙山琼阁为主题。（图6-28）整个景区由极为富丽的楼阁建筑所组成，楼阁建筑和重檐亭子中间以石拱桥和廊道相连接。台基与栏杆均以汉白玉筑成。屋顶采用黄色、蓝色和绿色琉璃瓦，呈现出一派五色斑斓、华丽之极的琼楼玉宇景象。当坐船来到“方壶胜境”西南侧时，波光粼粼的水面倒映着琼楼玉宇，人们可以体验到一种仙境般的感觉。

图6-28 《圆明园四十景图咏》之“方壶胜境”，清代宫廷画家沈源、唐岱绘（灵极限提供）

丰富多彩的对外交流

16世纪末期，西方的教士开始到中国传教。清军入关后，清朝皇室希望西方文化能够为己所用，于是传教士们就带着西方的科学文化进入了宫廷。

康熙皇帝对西方的军事武器、测绘学、数学、医学、天文学、地理学、语言学和音乐等学科颇感兴趣。雍正皇帝也在宫内仿制了望远镜和温度计，并佩戴玻璃眼镜和假发。乾隆时期，乾隆皇帝对西方文化，尤其是西方艺术情有独钟。乾隆皇帝在圆明园里接待外国使节，传教士们也在圆明园里教皇帝和皇子们学习西方科学技术。圆明园陈设有各种千奇百怪的西洋仪器和工艺品，如西式钟表、天文地理仪器、铜版画，以及西式地毯等。有些仪器即便是在欧洲，也是最先进和精美的。英国使臣马戛尔尼曾宣称："将种种精美可观之物集于一处，就是在全世界，也没有一个地方能够与中国的圆明园相媲美。"但遗憾的是，尽管在京的西方传教士和内务府造办处人员都醉心和痴迷于学习这些仪器的安装、拆卸之法，但是乾隆皇帝本人还是对这些机械嗤之以鼻，认为是奇技淫巧。

图6-29　复原的“洞天深处”如意馆（达西摄）

从雍正年间开始，圆明园东南隅的洞天深处即开设有一座如意馆（图6-29），郎世宁、王致诚等西方传教士和宫廷画师们，都长期在此工作和居住。他们在这里创作了大量反映清代宫廷生活的图画，留下了《圆明园四十景图咏》《西洋楼铜版画》等传世佳作。这些画作，大多作为装饰品被置于圆明园的各殿堂和楼阁之中。这些价值连城的作品，现均收藏于海外的博物馆和私人手中。

乾隆年间，皇帝偶然见到了西洋画中的水法图案，希望能将之引入圆明园中。遂后，法国传教士蒋友仁就在长春园北部开始兴建水法，负责人工喷泉的设计和施工指导。多名传教士参与了设计、建造西洋楼的工作。郎世宁、王致诚、艾启蒙负责建筑设计与雕饰，汤执中负责绿化工程，中国官员进行现场监工。

“谐奇趣”为最先建成的大水法。此后，蒋友仁又奉旨续建了蓄水楼、养雀笼、黄花阵、海晏堂、远瀛观等工程，这些欧式宫殿建筑形式多样。郎世宁、蒋友仁等人，也创造了许多具有创意的自由装饰纹样。乾隆皇帝建造西洋楼的主要目的，是为了向西方夸耀清朝的无所不有和无所不能。（图6-30）（图6-31）（图6-32）

图6-30 西洋楼谐奇趣遗址（达西摄）

图6-31 西洋楼海晏堂蓄水楼遗址（达西摄）

在带来了西方科技、艺术的同时，传教士们也学习了中国文化，为西方带去了中国面貌。王致诚曾盛赞圆明园的美景：“我很欣赏中国人在建筑园林上所表现出来的丰富想象力。我们相形见绌，实在是太贫乏了。”当时，圆明园成为西方人眼

图6–32　西洋楼黄花阵遗址（达西摄）

中的“中国花园”之代表。英法等欧洲国家，都争先恐后地兴起了“中国热”。

18世纪末，皇帝还经常在圆明园举办不同名目、不同排场的宴会。在正月上元节或万寿节，这里必定要举行的重大庆典活动，有时会邀请使臣们参加活动。

乾隆年间，有一次在圆明园内举办上元节宴会，邀请朝鲜、安南、南掌、暹罗的使臣们一同前往参加。在宴会中，山高水长楼所举行的灯戏引起了使臣们的兴趣。山高水长楼最初叫引见楼，是圆明园上元节娱乐活动的中心。每到上元节，山高水长楼都异常热闹，这里常常要搭建临时性的蒙古大帐，也就是超大的蒙古包。

宴会上“烟火大发，声如雷霆，火光烛半空，但见千万红鱼奋迅跳跃于云海内，极天下之奇观。”这些，都让那些使臣大为赞叹。因此圆明园及西山一带，也成为使臣们必游的地方。他们住在附近的民宅、旅店或寺庙里，可以连续多日参加各种活动。如元宵节前，使节们白天观看歌舞和杂戏表演，晚上观看灯会和烟火表演。元宵节上午参加放生宴，下午在山高水长楼看戏。这期间，他们还要和清朝大臣们一起与皇帝对诗。

灯戏表演包含歌舞、竞技、杂技、张灯、放烟火等。歌舞中以少数民族节目居多，除了汉族的狮戏，还有诸蕃之舞、蒙古式摔跤、西洋秋千等表演。到了晚上，山高水长楼便成为灯火的世界。

同乐园是圆明园最大的娱乐场所。每年元宵节后，这里都要张灯结彩演戏。乾隆皇帝准许朝鲜冬至使一行进入这里观光。冬季湖面结冰，朝鲜使臣们就乘坐“雪马”也就是爬犁来到这里。气候温暖时，人们便乘坐船只，经过“坦坦荡荡”和“杏花春馆”间的水道进入后湖，再穿过“天然图画”和“碧桐书院”到达同乐园。（图6-33）（图6-34）朝鲜使臣们还游览过“方壶胜境”等景观。

图6-33　曾位于圆明园内长春园中心地带的含经堂遗址（达西摄）

扩建圆明园是盛世的象征，但却给人以奢靡的印象，因而产生了乾隆皇帝在圆明园蓄养秀女、纵情声色的传闻。事实上，早在雍正年间，坊间就有雍正皇帝在圆明园日日饮酒、夜夜笙歌的传闻。谣言的制造者们，实际上主要是那些常年奔波往返于御园与城内，敢怒而不敢言的大臣们。只要皇帝长期居住在圆明园，就会给人以沉湎燕游、荒废政事的印象。

圆明园的奢华与畅春园的淳朴，形成了鲜明的对比。朝鲜使臣洪大容曾说："康熙帝御天下六十年，俭约以没身，即畅春园可见矣。嗣君不能遵守矩度，创立别园，已失先皇本意。制作之侈大，又不啻十倍，而今皇益加增饰，佳丽反胜于都宫，康熙帝崇检居野之义安在哉！"道光十一年（1831年），朝鲜使臣洪奭周站在圆明园外眺望玉泉山，联想到的竟然是"秦皇苑囿跨甘泉，复道直抵终南巅；关内离宫三百余，千门万户皆相连"，把清朝皇帝比作奢靡无度的秦始皇。

图6-34　今日圆明园中澹怀堂遗址（达西摄）

澹怀堂是长春园正殿，是乾隆宴赏使臣的地方。

命途多舛的天上人间

同治年间，慈禧授意重修圆明园。同治十三年（1874年），圆明园修复工程在争议中启动。内务府奏准两湖两广四川等省，各采办大件楠、柏、黄松等木料三千件，限期报送北京。当时云贵等地并无此木植。官商谎报价格从法国商人处购得洋木，却以尺寸与原议不合为由拒付全款。法商经由驻天津领事照会皇室，要求以蓄意欺诈罪拘留官商。事件传开之后，舆情大哗。修园风波过后两个多月，年仅十九岁的同治皇帝驾崩了。

当时拟定要修复的范围，主要集中在圆明园的前朝区、后湖区和西北部一带，共计3000多间殿宇。但由于财力枯竭，开工不到一年就被迫停工了。

光绪二十四年（1898年），皇室还修葺过圆明园的双鹤斋、课农轩等景群。圆明园修复经费并非完全由国库拨付，既有内务府拨付，又有盐政、关税和罚没，以及官员、商人们的捐献和圆明园自身经营所得。

就算是被英法联军烧毁后，圆明园还是没能褪去其皇家禁地的威严。据说1896年，李鸿章私自进入了圆明园。光绪皇帝大怒，下诏书严

图6–35　如今圆明园的残垣断壁（达西摄）

责。李鸿章遭到了革职处理，后又被改为罚一年俸禄。

“圆明”二字意味着一种完美和至善。但圆明园却并未因此而逃过劫难。数次浩劫使圆明园的建筑几乎无存，奇珍异宝尽数流失。

1860年，英法联军攻占北京后，闯入圆明园，大肆抢劫，最后英国侵华首领额尔金下令火烧圆明园。这是圆明园遭遇到的“火劫”。英法联军对圆明园进行疯狂洗劫的同时，还有土匪、周围百姓、守园太监参与了哄抢和打劫。（图6–35）（图6–36）

1900年，八国联军入侵北京，圆明园的残存物件再次遭到毁灭性的

图6-36　圆明园内的雨果雕像（达西摄）

法国伟大作家雨果说："有一天，两个强盗走进圆明园，一个抢劫，一个放火，可以说胜利是偷盗者的胜利，两个胜利者一起彻底毁灭了圆明园。"

破坏。趁火打劫的人们到圆明园中大拆大卸，把火劫之余的建筑物和木桥上的柱子、桩子锯断，用绳子拉倒；将园内大小树木滥伐殆尽。据记载，当时清河镇上来自圆明园的木材堆积如山，交易繁忙；而园内则炭厂林立，剩下的树枝、树根也全被烧成木炭变卖。这就是圆明园的"木劫"。

中华民国时期，圆明园又遭到了"石劫"。园内大量残存的石材砖料，被军阀和附近的村民、地痞盗运出园，石雕文物大量流失。圆明园彻底沦为废墟。

从宣统末年开始，已有守园者和当地人在园内造屋开田，将废墟辟为村舍和田地。这就是所谓的“土劫”。满目疮痍的“万园之园”荒芜不堪，变得杂草丛生。开垦田地所造成的长期缺水，使圆明园山形与水系面目全非。许多自然生长的乔木、灌木和地被植物，荡然无存。

1873年，德国人恩斯特·奥尔末（Ernst Ohlmer），用照相机拍摄了西洋楼第一次劫难后的悲惨景象。（图6-37）现存国内的圆明园文物，大多为一些装饰性点缀石件、建筑石构件、湖石、碑刻等，绝大多数价值连城的金银玉器、古玩字画等珍贵文物都已流散海外。如东晋大画家顾恺之的《女史箴图》的唐代摹本，是中国古代卷轴画中的稀世珍品，目前被收藏在大英博物馆的东方艺术馆里。中国历史上成就最高的工笔彩画《圆明园四十景图咏》，现保存在巴黎国家图书馆里。

图6-37　圆明园谐奇趣主楼，1873年奥尔末摄（灵极限提供）

旷园山影

京西三山五园

7

香山静宜园

烟雾缭绕的香炉山峰

香山静宜园，取“山以仁为德，秋惟静与宜”之意。（图7-1）位于北京西北郊的香山，地处玉泉山西面，是历史悠久的山林名胜之地。香山总面积约1.6平方千米，与万寿山、玉泉山并称为“三山”。

图7-1 《静宜园二十八景图卷》，绢本设色，清代张若澄绘，28.7厘米×427.3厘米，北京故宫博物院藏（FOTOE提供）

北京西部山地被称为“神京右臂”，自太行山绵延而来。因此，北京西山称为“太行之首”。来自大西山山系的小西山，则是最接近北京城的一个小山脉。小西山在地理上称香峪大梁，由层层叠叠的深谷大壑切割而成。其尾端延伸至北部的望儿山（百望山）和南端的翠微山。香山是西山的一部分，距北京20多千米，其境内重峦叠嶂，清泉涌出，古树苍郁，花草漫山遍野。山顶上的峰乳石吞云吐雾，类似香烟缭绕不绝，被人们称为香炉山，简称香山。香山静宜园位于香峪大梁的东麓，地形复杂而奇特异常。

香山坡地的土层肥厚，生长的林木和植被非常茂密，古木参天，郁郁苍翠。（图7-2）

静宜园范围内的山势，向东伸出南北两支侧岭，犹如人的两臂。北侧臂较短，隔牛犄角沟与碧云寺相对；南侧臂向前延伸很长，可以达到静宜园墙外的红山头。两臂之间的沟涧区域，地形地势极为丰富。这里既有很多清寥和幽邃的场所，又有不少能让人一览无余的阔漫向阳坡地。碧云寺就坐落在两臂之间的平缓台地上。登高望远，人们从山峰处俯览南侧臂，其形状就好像是一只藏在深山之中的大乌龟。这支南侧臂，是香山主峰前最重要的一条支脉。据传说，是乾隆皇帝用一条巨大的铁锁链，束缚住了这个乌龟的头部和身躯而形成。

香山静宜园历史悠久，据说，早在1000多年前，人们就在香山兴建了佛寺和庙宇。还有人认为，香山寺始建于唐代。辽代的耶律淳就葬在香山，当时被称作永安陵。金章宗曾在此修建了会景楼、祭星台等。香山寺是金代闻名遐迩的“西山八院”之一。金、元、明、清的历代帝王和皇亲国戚们，都喜欢在香山山麓营建自己的宫室别院。清康熙年间，皇室在这里修建了行宫。乾隆十年（1745年），皇家大兴土木扩建、改造，建成后将之定名为“静宜园”。

图7-2 今天的香山寺圆灵应现殿，远处山峰为香炉峰（汇图网提供）

图7–3　香山红叶（达西摄）

1860年，静宜园遭到了英法联军的彻底毁坏，大部分建筑物都变成了废墟。如今，只有“西山晴雪”之景和秋日满山的红叶，让人们能依稀遥想香山当年的魅力。（图7–3）

静宜园的景点，分散于香山的山野丘壑之间。从远处眺望，香山景观是一片连绵不绝的苍郁青山。只有登临峰顶、深入其间，才能领略到香山那幽静、深邃的境界。

依山傍水的园林景观

香山的主峰为香炉峰。其顶端有两块形如香炉的巨石。在香山北门附近，一座白石拱桥横跨过一个小湖，将水面一分为二。由于其形状颇似一副眼镜，故人们称之为眼镜湖。（图7-4）

眼镜湖北侧为人们经常提到的著名建筑见心斋。见心斋始建于明嘉靖年间，是香山静宜园中保存最完整的一座古典园林。见心斋是一座环形庭院式建筑，院内有半圆形水池，池西面的轩榭上，悬挂着“见心斋”匾额，东、南、北三面回廊环绕，轩榭相连。斋后为正凝堂。正凝堂的后面，堆有山石，树木遮天蔽日。见心斋虽然规模大，但布局却非常得体。山上的庭院，多采用廊榭和叠石山道与水庭相连接。半圆形的水庭，三面皆环绕着长廊，傍山设置水榭和楼阁。院内山石和建筑参差错落，转折有致，古松翠柏掩映其间。

香山静宜园的主要景区，是宫廷建筑集中的区域。香山的二十八景，此处就占据了十多个，如“虚朗斋”“香山寺”“绿云舫”“璎珞岩”“翠微亭”“丽瞩楼”“青未了”“栖云楼”“来青轩”“驯鹿坡”等。

图7-4　香山眼镜湖（谭杪萌摄）

静宜园的正门为东宫门，设城关两座。城关内立牌坊两座。宫门五开间，左右各有朝房三间。宫门正对着的是依山为屏的勤政殿。勤政殿前，为一弯月河。勤政殿为五开间建筑，南北均设有配殿。先前的勤政殿建筑物在1860年被英法联军焚毁，只剩下殿前池塘和一堆山石遗迹。一棵古树，还残留着这座名园的古老信息，2002年在原址上复建。

乾隆十年（1745年），乾隆皇帝开始在香山静宜园建造勤政殿。勤政殿是皇帝驻跸时，临时处理政务和接见王公大臣们的地方。乾隆皇帝在《勤政殿》诗序中，曾表明自己要效仿康熙和雍正皇帝，纵情于山水时，也不能忘记江山社稷和朝廷政务。勤政殿后面的致远斋，是乾隆皇

图7-5　香山静宜园勤政殿（达西摄）

勤政殿于咸丰十年（1860年）被英法联军焚毁。2002年在原址上复建，2003年7月竣工。

帝日常理政较多的一个场所。致远斋东边有一处小院，那里便是军机处官员们办公的场所。（图7-5）

在香山的南山腰中，原有两股清泉。乾隆皇帝在泉旁的石崖上御题了“双清”二字。后来乾隆在这里建造了松坞云庄。该建筑依山傍水，景色异常秀丽。不断涌出的清泉，甘甜清冽。院中有久负盛名的栖云楼。

1920年，熊希龄在香山静宜园创办香山慈幼院时，在松坞云庄的废墟上建造了一座私人别墅，取名为双清别墅。（图7-6）1949年3月至8月，毛泽东曾住在香山的双清别墅。

双清别墅的周边环境非常好。这里松柏高耸，银杏繁盛，竹、石、泉、亭相互掩映，互为情趣，是赏秋的最佳位置。

图7-6　北京香山公园双清别墅　（汇图网提供）

巍峨耸立的香山寺庙

位于香山南麓的香山寺，是该地区最早的一座寺庙和行宫，始建于金大定二十六年（1186年）。早年，金世宗曾驾临这里，赐名大永安寺。元代重修，因其山中泉水似甘露而改称为甘露寺。明皇室重修时将此寺赐名为永安禅寺。乾隆时期，皇帝御赐名香山大永安禅寺，也称香山寺。可以这样说，是香山那天然的秀美景色，催生出了佛教圣地香山寺。又因为香山寺的盛名远扬，催生出了宏伟而壮丽的皇家园林。（图7-7）

香山寺依山而建，寺前有一座巍峨壮丽的牌坊，门前有著名的听法松。山门内种植有沙罗树，南北建有位置对称的钟鼓楼。戒坛后面的正殿，面阔七间。殿后有一座亭宇，即为大名鼎鼎的“眼界宽”。亭宇后有一座三层高的六方楼阁。此楼后的山巅处，是上下十二楹连贯有序的殿宇。层层而上的寺院，串联着五座气势非凡的大殿。1860年，该寺被英法联军所烧毁。香山寺仅存的遗迹为一座大石屏。石屏的汉白玉基座上，阳面刻有三座塔形图案和佛经，阴面刻有三尊佛像。

乾隆四十五年（1780年），为迎接西藏班禅的到来，乾隆皇帝特意

图7-7　修复重建的香山寺（达西摄）

建造了一座宗镜大昭之庙，简称昭庙。昭庙前建有一座琉璃牌坊，庙后高高耸立着一座七层密檐琉璃塔。琉璃塔的下层为砌石基座。基座底部的每面上，均雕刻有佛像一尊。塔身上，有八十座琉璃佛龛。琉璃塔下，有伞形瓦顶的建筑物支撑。这些建筑物内，皆筑有石雕拱门。昭庙里的琉璃塔，色形俱佳，是香山公园的标志性建筑之一。在凉爽的山风中，佛龛檐端的铜铃声声，很远都能听见。（图7-8）

碧云寺、香山寺和昭庙，皆为佛教庙宇。以前，碧云寺是香山的一

图7-8 香山公园的标志性建筑琉璃塔（达西摄）

部分，现已被隔离在公园院墙之外。

上于云霄，重冈叠翠，来朝皇阙，中有古道场曰香山。”碧云寺建于元末，当时被称为碧云庵。到了明正德年间，有一位叫于经的太监，将这座庵扩展成为寺院，并于寺后安排好了自己的墓冢。但明嘉靖年间，于经被皇家下狱赐死。明崇祯年间，大奸臣魏忠贤也在碧云寺后建立了自己的墓冢。但他后来被崇祯皇帝砍头，两人死后都没有葬在香山。于是，民间就有了“不容奸臣埋葬在香山”的说法。清乾隆年间，又对寺进行了大规模扩建，建了金刚宝座塔、罗汉堂等。

碧云寺位于香山东北。寺院依山势而建，层层叠起。碧云寺共六进院落。寺内松柏参天，浓荫蔽日。乾隆皇帝游碧云寺时，曾兴致勃勃地称赞这里是“试参山水秀，果占画图全。衣履如沾润，林峦益逞妍。一弘天半澈，百道涧边悬”。碧云寺充分利用了山区的地形地貌，其院落空间大小不一，参差不齐。空间最大的，为最后一进院落。院内立有一座白色的石牌坊。不远处有金刚宝座塔。金刚宝座塔上有两个喇嘛塔和五个方形石塔。整个金刚宝座塔满布精致的浮雕，有大小佛像、天王、力士、龙、凤、狮、大象和云纹等。其塔座中有券洞，为孙中山先生衣冠冢。寺内第四进院南院有一间罗汉堂。堂内有贴金罗汉五百尊，神像七尊和济公造像等。堂北原为普明觉妙殿，1925年，孙中山先生逝世后曾停灵于此，后辟为孙中山纪念堂。北跨院为水泉院，有清泉从山石中汩汩流出，不断汇集于院内的池中。

香山一带，名寺众多。金代在香山修建了香山寺，金世宗亲临游幸，赐名为大永安寺。明成化年间，太监郑同主持修建了洪光寺；之后魏忠贤又扩建了碧云寺。香山静宜园中的佛教寺院，大都是在此基础上扩建、修缮而成的。

视野辽阔的西北山地

香山静宜园的西北山地，视野辽阔，风景非常秀丽。这里有著名的“静宜园二十八景”中的“玉华岫”“森玉笏”“玉乳泉”“绚秋林”“雨香馆”“晞阳河”“芙蓉坪”“香雾窟”“栖月崖”“重翠崦”“隔云钟”，以及香炉峰、朝阳洞、“燕京八景”之一的“西山晴雪”等景区。

“西山晴雪”碑位于香炉峰下，这里夏日凉爽宜人，春天山花烂漫，深秋红叶遍野，寒冬白雪皑皑。

“森玉笏”位于“西山晴雪”东面。在郁郁葱葱的山坡上，一块巨石峭然耸立。在这块巨石上，人们可以看见乾隆皇帝所写的“森玉笏”三个大字。此处山势环境与周围迥然不同。这里的横峰侧岭上，石峰巍然争立，曲径通幽。（图7-9）

距“森玉笏”不远处是“玉华岫”。玉华岫在香山的半山腰上，包括玉华寺、玉华岫、皋涂精舍等建筑。玉华寺山门东向，有三开间的正殿一座。正殿西南，便就是“玉华岫”，“玉华岫”东侧为“皋涂精舍”景观。这里地势高耸，最适宜人们观赏景色。（图7-10）

图7-9　香山“森玉笏”遗址（达西摄）

图7-10　远眺香山景色最佳处之一“玉华岫”（达西摄）

“芙蓉坪”位于玉华岫东北侧，地势也很高，几乎与“西山晴雪”处于同一高度。这里丛林密茂，院内种植着青竹，环境非常幽静安详。这里的“芙蓉”两字，既不是指四川的木芙蓉，也不是指北京的合欢花，而是指莲花。

如今，“芙蓉坪”的原建筑物早已被破坏殆尽，北侧石壁上仅存乾隆御笔“芙蓉坪”三字及御制诗文。中华民国时期在遗址上建了芙蓉馆。

古幽深静的自然景观

静宜园以山、林、泉、潭之胜见长，尤其是山林之胜，远远超过“三山五园”中的其他园林。（图7-11）香山地区的园林，可以用“深”“古”“幽”三字来高度概括。古人有“游人联蚁度林杪，细路一线云间垂”之说。走入香山的山腹地段，人们会深深感到其内涵的广博、文化的深厚。香山静宜园，真正具有那种“空山不见人，但闻人语响”“树深时见鹿，溪午不闻钟”的幽邃意境。

关于香山植物，明清游记中多歌颂杏花。有人曾记述道，在香山的深山幽壑之中，松柏的苍翠衬托着初蕾的红杏，形成“两崖红雨春淋漓”的艳丽景象。现在，香山地区的杏花已经不多了，人们偶尔可见到一些山桃。但即便是这样，早春时节，到香山去观赏那山桃初开欲掩的景色，也有在他处看不到的动人效果。

“万山突而止，两岭南北抱。”香山为太行山余脉，形成了“众山拱伏，主山始尊，群峰盘互，祖峰乃厚”的独特地貌。香山林茂泉丰，丘壑皱伏，其地形地貌的壮观和俊秀，为西山其他地区所不及。在这样的环境中进行造园，人们就可以达到“极目所至，千峦环翠，万壑流

图7-11　香山景色的“深”“古”“幽”（达西摄）

清，俗则屏之，嘉则收之”的绝佳效果。（图7-12）

乾隆时期，静宜园共有建筑群和风景点80余处，可谓“佛殿琳宫，参错相望”。在静宜园宫门外城关、牌楼上，乾隆皇帝的御题体现了其对静宜园环境及景观的高度概括。在城关上，乾隆皇帝以“篸喔”“松扉”题之。“篸喔”寓意香山是一处精美华贵的书屋；“松扉”是指这里的翠松如云如扉一般壮观。在城门内牌楼上，皇帝以“芝廛”“烟壑”题之。“芝廛”是说这里瑞树丛生，芳香四溢；“烟壑”是说这里

图7-12　香山“青未了”景区的湖泊（达西摄）

的山峦谷壑间云雾弥漫缭绕。在静宜园宫门外的牌楼上，乾隆皇帝又以“云衢”“兰坂”题之。“云衢”是指山林间的道路如在云雾之中；“兰坂”意为山坡上长满了芳香的瑞草。

“绿云舫”“翠微亭”“青未了”“来青轩”“正凝堂”“驯鹿坡”，从静宜园中景点的名称上，我们也可以揣摩出乾隆皇帝那“以物形写我心”的心态，以及所抒发出来的意味深长的情意。

旷园山影

京西三山五园

8

玉泉山静明园

山水之间的皇家御苑

早在辽代，玉泉山就成为北京西郊皇家园林的所在地。金代，金章宗在这里修建了芙蓉殿，作为他的避暑行宫。元世祖在此建昭化寺。明英宗在玉泉山南坡建造了上、下华严寺。元、明以来，这里是京郊颇有名气的游览胜地。清顺治皇帝多次在此打猎和驻跸，并派太监来进行管理，后在上、下华严寺的旧址上建造了行宫。康熙十九年（1680年），皇帝开始在原有玉泉行宫和寺庙上扩建。康熙二十一年（1682年），皇帝将其命名为澄心园。

澄心园修建在玉泉山的南坡上。康熙皇帝修建澄心园，是为了在春末至秋初能够到此处休憩避暑，并不是常年居住。所以当时行宫的规模不大，大致就在玉泉山的南坡和玉泉湖、裂帛湖一带。康熙三十一年（1692年），澄心园更名为静明园，成为皇家游览和驻跸理事的山水离宫。

乾隆十五年（1750年）和十八年（1753年），乾隆皇帝对静明园进行了两次大规模扩建，形成“静明园十六景”。乾隆二十四年（1759年），皇帝将玉泉山及山麓间的河湖全部圈入宫墙之内，增加到

图8-1　从昆明湖畔眺望玉泉山（单志刚摄）

“三十二景”。乾隆皇帝还设置总理大臣兼领清漪、静宜、静明三园事务。乾隆皇帝是静明园的真正主人，园中诸景都有乾隆皇帝的题咏。

玉泉山位于西山东麓，呈南北走向，伸延1300多米，主峰海拔高度约100米。两个侧峰拱卫于主峰两侧，与主峰互相呼应，构成了一个类似于马鞍的轮廓。从昆明湖看去，山形尤为清丽。（图8-1）

玉泉山，不仅风景优美而且还有丰沛的泉水。由于地处瓮山和香山之间，所以其山势峻峭，泉流丰沛，水质清甘，晶莹如玉。在东南麓，其泉水高度可达尺许，被乾隆皇帝称为“天下第一泉”。（图8-2）泉水最后汇成玉泉湖。“玉泉垂虹”一景，是金元以来“燕京八景”之一。东麓的一组山泉，自湖底迸出，状如裂帛，被人们称之为裂帛泉。整个山区，还有多处长年不息的大小泉眼。玉泉山的泉水，流经北长河而最后注入昆明湖。（图8-3）

图8-2　乾隆皇帝御题“天下第一泉”碑，摄于中华民国时期（文化传播·FOTOE提供）

玉泉山水，是北京的重要水源。因此，玉泉山在北京的供水中占有十分重要的地位。尤其对皇家园林来说，玉泉山的水源是其创造水景的重要基础。乾隆年间，皇家认定玉泉山的水质最好，所以将其定为御水。

静明园，包括整座玉泉山和山脚下的多处湖泊和溪流，南北长1350

图8-3　连接颐和园和静明园间的北长河风景手绘图（达西绘）

米，东西宽590米，面积约为0.75平方千米。静明园的园林建筑，以寺院道观及石洞而闻名于世。玉泉山上还建有不同形式的佛塔。与西郊的其他皇家园林相比，玉泉山的水体衬托着山景和建筑，具有鲜明的特色。玉泉山的正门位于东南角，四周有高大的围墙。借山势、泉流、林木和不同景色，静明园构筑了众多风格明朗、独具匠心的殿阁楼台。

玉泉湖中的山峰塔影

玉泉山南麓前的平地开阔而宽广，这里有玉泉湖、裂帛湖和萦回曲折的水道。玉泉南岸的建筑群“廓然大公”，是静明园的宫廷区，共有两进院落。

正门为南宫门，门首悬乾隆皇帝御题园匾。门外的东西朝房与三座牌坊，形成了宫前广场。北临玉泉湖的主体建筑“廓然大公”，是静明园的正殿，为皇帝避暑听政的地方。大殿为七开间，左右有配殿各五间，构成了第一进院落。第二进院落中有万泉殿，北临玉泉湖。该建筑群与玉泉湖中的乐成阁和南宫门，形成了一条南北中轴线。

玉泉湖大致为方形，东西宽约150米，南北长约200米。湖中三岛，沿袭着皇家园林的“一池三山”传统格局。中央的大岛上有“芙蓉晴照”一景。四合院的正厅名为乐成阁，为两层五开间，是皇帝读书和观赏湖景的地方。

湖西岸的“玉泉趵突”，立有乾隆帝所书的“天下第一泉”石碑。其他建筑物还有龙王庙、双关帝庙、真武庙、观音殿、开锦斋、赏遇楼和竹垆山房等。

图8-4　玉峰塔影（达西摄）

雄踞于玉泉主峰的香岩寺，即玉泉寺，为层叠构筑，上方为一座琉璃砖塔，也就是玉峰塔。玉峰塔为玉泉山的标志性建筑。玉峰塔是仿镇江金塔而建造的。佛塔各层中，供奉着铜制佛像。登临其上，极目远眺，北京西北郊平原的湖光山色、平畴田野、村舍园林尽收眼底。园内园外，举目便可看到“玉峰塔影”的美景。（图8-4）玉峰塔后的妙高峰上，有一座华藏塔。（图8-5）

如今的人们从昆明湖上西望，可见玉峰塔亭亭玉立于玉泉山上，成

图8-5 玉泉山华藏塔（前）和玉峰塔（后），摄于1946年（缘紫舞提供·FOTOE提供）

为颐和园的重要借景。其与西山起伏的山脉一起，构成了一幅幽远宁静的图画。燕京大学建造校舍时，建筑师亨利·墨菲经过仔细观察，也以其为端点而画定了整个燕园的轴线。

玉泉山西麓开阔平坦，这里有园内最大的一组建筑群，包括东岳庙、圣缘寺、清凉禅窟等宗教建筑，以及霞起楼、犁云亭、方亭等园林建筑。这些亭台楼阁错落有致地穿插于山石之间。

东岳庙的庙前广场前有三座牌坊。正殿仁育宫七开间，里面供奉着

图8–6　玉宸宝殿手绘图（达西绘）

图8–7　北京玉泉山琉璃塔（FOTOE提供）

东岳大帝。仁育宫后面的玉宸宝殿，为重檐歇山顶的五开间无梁殿，内供奉有玉皇大帝像。目前，无梁殿仍基本完好。（图8–6）

圣缘寺的规模比仁育宫小。其东面是七开间的慈云殿。由寺门至慈云殿所形成的东西轴线，最后以琉璃塔来结尾。在浅灰色山石的烘托下，七彩琉璃塔显得尤为光彩夺目。其是圣缘寺唯一保留下来的建筑物。（图8–7）

东岳庙西面的清凉禅窟，

地形高低错落，奇石云集。清凉禅窟为方形院落，开门可欣赏到山景、石景。这里奇石遍地。用巨石凿琢的“仙桥”还保留在原处。

玉泉山的东坡及山麓一带，以狭长的镜影湖为中心，沿湖的建筑物，环列构成了一座水景园。其主体建筑是湖北岸的“风篁清听”，其西邻为两层的近青阁，东邻为撷翠楼。整组建筑群以“风篁清听”为轴心，倚山、临水、跨涧，高低错落地构成了一组主次分明、风格别致的园林建筑群。

东山景区的建筑物不多，最重要的是位于北侧峰顶的妙高寺。该寺为两进院落，周围绕以回廊。庭院中央有藏传佛教的妙高塔，是园内的另一个制高点，也是玉峰塔的重要配景。（图8-8）侧峰南面的山坡上，散布着一些洞景。位于马鞍形山脊当中的“峡雪琴音”是观赏山泉景观的好地方。附近还有若干亭榭建筑，鲜明而疏朗地点缀于青山之间。

在玉泉山小东门前的一堆叠石后，便是含辉堂。含辉堂为一处幽静

图8-8　静明园北山上的妙高塔（汇图网提供）

图8-9　小东门门外的两座石牌坊（达西摄）

的三合院，其后为清音斋。清音斋前是“裂帛湖光”。

影镜湖东南为五孔闸。玉泉山下河湖所蓄的泉水，由此流入北长河。北长河是静明园与清漪园之间的水上通路。清朝皇帝就常常乘舟，由昆明湖经过北长河来到静明园。小东门外的北长河源头处，有石砌码头。河堤上有桥闸，东西立两座石牌坊，两坊上均刻有对联及匾额。这些牌坊至今尚存。（图8-9）

帝王诗中的山水园林

清代，玉泉山是皇家禁地。清代帝王为玉泉山留下了许多赞美的诗篇。

玉泉山的寺庙，现存的有香岩寺和圣缘寺。过去，各寺院钟声远近相应，“云外钟声”也是“静明园十六景”之一。乾隆皇帝就写有赞叹“云外钟声”的诗歌。（图8-10）

图8-10　定光塔和“云外钟声”风景手绘图（达西绘）

澄心园时期的宫殿、寺庙及风景建筑，大多已不复存在了。乾隆时期，皇室曾大力扩建静明园，将园界扩展到了玉泉山的四周。皇帝和皇太后的寝殿、书房等原有建筑，也都经历了拆毁和改建。园中的建筑物遗存有清音斋、心远阁、赏遇楼和妙高寺等几处。

清音斋位于裂帛湖北侧，是园中最早的建筑物。斋前殿额，为康熙皇帝所御书。清音斋依山面水，翠竹成林，满庭绿荫。旁边矗立着两株古树。康熙皇帝就常常坐在斋内读书、品茶和写诗。窗外泉声、风声传来，使清音斋显得清爽幽静。

心远阁位于玉泉山的东南坡半山腰上。由清音斋顺山路攀登，远远地就可以看见心远阁。阁西房屋上方，有“碧云深处”的额题。乾隆皇帝的《心远阁远眺》诗中有“吟余试看前春句，树影依然上粉墙”之句。

赏遇楼位于玉泉山西南侧岭，四周松竹围绕。这里是出西门的必

图8–11　玉泉山远景手绘图（达西绘）

经之路，可以眺望园外风光。乾隆皇帝曾登上此楼，称其为“百年书楼”，留下“好在书楼百岁矣”之句。

康熙皇帝对玉泉山的风光有很高的评价，称其为“天作地成，以贻皇上”。对于玉泉山常年喷涌的玉泉水，康熙皇帝称赞其“瑶窦溅珠，琼沙喷玉”。（图8-11）

处理完政务后，康熙皇帝观赏着园中的景致，常常触景生情、有感而发。他为此写出了“石激泉鸣玉，波回月涌金”的绝妙佳句。康熙皇帝“重农恤商”，非常关心年景的丰歉。玉泉周围那广袤的农田，特别是京西稻田，更是他关注的重点。他亲自试种和推广了“早御稻”。为了管理御稻田，康熙皇帝命令内务府在玉泉山下设立了“稻田厂”，以提高稻田的产量。（图8-12）

图8-12　今日的玉泉山东侧北坞公园内的稻田风光（汇图网提供）

康熙皇帝曾写过："百啭黄鹂近，双飞白鹭遥。今年农事早，时雨足新苗。"每逢时雨充沛，新苗茁壮，农活及时完成之时，是最让康熙皇帝解颐开怀的时候。康熙四十一年（1702年）四月，京城喜降大雨。身在玉泉山静明园的康熙皇帝曾提笔写道，"西山初夏玉泉清，暮雨随风满凤城"，以表达他的喜悦之情。

自园建成后，康熙皇帝就经常在玉泉山休憩、游览并处理政务，直到畅春园建成。康熙皇帝到玉泉山的时间，大多是在春末夏初和秋天。

康熙皇帝居住在玉泉山，不只是赏景休憩，他也在这里御朝听政，办公理事，召见臣僚。康熙皇帝是一位发奋图强、勤政务实的皇帝。

自然生态的完美构图

信奉“山水之乐，不能忘于怀”的乾隆皇帝，曾亲自过问甚至参与过一些皇家园林的规划和建设。他对造园艺术也颇有一些见解。将以文人趣味为基调的园林，在山水之间大幅度地集锦式展开，并非是乾隆皇帝所谓“山水之乐”的全部内容。满族贵族早年那驰骋山野的骑射传统，以及祖父康熙皇帝的“自然天成地就势，不待人力假虚设”的造园观，对其产生了巨大影响。乾隆皇帝对自然山水更有兴趣，力图把自然风景结合于园林的建设中。所以，在规划和设计方面，静明园就具有这样的特点。

玉泉山以山川挺拔和秀丽而著称，拥有郁郁葱葱的广袤林木和潺潺不绝的泉流。在这里，历代寺院等建筑物林立。在此基础上，乾隆皇帝在这座长仅千余米、宽不过六百米的山地范围内，建置了十几座宗教建筑，还开辟了大量的石穴和洞景。将众多的佛、道宗教建筑修建于一山中，并使之呈现出一种完整而协调的自然生态格局，显示了清代帝王开放包容的文化胸襟和高瞻远瞩的文化视角。（图8-13）

在含漪湖、玉泉湖、裂帛湖、镜影湖和宝珠湖之间，水道萦绕于玉

图8-13　玉泉山上的部分宗教建筑（汇图网提供）

泉山的东、南、西三面。借着玉泉山的坡势，这些小湖形成不同形状的水体。人们利用不同的建筑布局和花木配置，构成了不同景观特色的园林。（图8-14）这些湖面的宽度，大多都在300米以内。根据“百尺为形，千尺为势”的理论，这应该是人们隔岸观景的最佳视距。

实际上，山地景观才是玉泉山园林的真正主题。玉泉山山体轮廓秀美，峰峦之间相互呼应。而山上的建筑物皆疏朗俊秀，体量小巧玲珑。山顶的玉峰塔，与侧峰的华藏塔、妙高塔所形成的掎角之势，恰当地强

图8-14　玉泉山垂虹桥风景手绘图（达西绘）

调了山脊的秀美和壮丽。这种恰到好处的点睛之笔，使得玉泉山那秀丽的山体，愈发显得活泼动人。这些珠联璧合的生态构图，成为人们乐于在西北郊远距离观赏的对象和借景主题。

旷园山影

京西三山五园

9

万寿山清漪园（颐和园）

最后的皇家御苑

清漪园是“三山五园”中最后一个建成的皇家园林。

瓮山是西山的一座支脉。因其形体像一个瓮，所以叫瓮山；也有人说是曾从山谷中挖出来一个石瓮。瓮山泊坐落在瓮山前方，是由涌出的山泉水，特别是玉泉山的山水而自然形成的湖泊。瓮山泊有很多名称，如西湖、西海、金海等。修建清漪园前的康熙年间，瓮山泊曾经被称为裂帛湖。

从元代起，瓮山上就开始修建寺庙，有“瓮山十寺”的说法，如功德寺和园静寺等。瓮山还是历史上著名的旅游胜地。自元代起，就不断有人到这里游览参观。

乾隆十五年（1750年），乾隆皇帝为庆祝其母崇庆皇太后的六十大寿开始筹建清漪园。

乾隆年间以前的瓮山泊，西部约在如今青龙桥西边的功德寺，东部约在如今延寿寺的大门，也就是现在的排云殿前面。整体来说，乾隆年间以前的瓮山泊，位于瓮山的西南面。工匠通过西边回填、东边开挖的方式，使湖面向东移动。湖东岸一直挖到了瓮山的东麓，最后形成了一

图9-1 今日颐和园的昆明湖（灵极限提供）

乾隆皇帝将瓮山泊修成一个颇具规模的人工水库，为今日昆明湖的最终形成奠定了基础。

个桃形的大湖泊。（图9-1）桃形含有长寿的寓意。

瓮山泊里挖出来的泥土，堆放在瓮山东侧，使瓮山东西两边的山体对称，构成一种蝙蝠形状。蝙蝠就是"福"的意思。经过一番改造，瓮山、瓮山泊就变成了"福山寿海"。这就是乾隆皇帝送给母亲的寿礼。

以前的西堤，是指畅春园的西堤，位于瓮山泊的东边。新的瓮山泊挖成后，西堤就变成针对瓮山泊而言的东堤了。乾隆皇帝后来在湖中间偏西的地方，又修建了一个堤，就是现在昆明湖的西堤。扩建瓮山泊的时候，岸边有一座龙王庙，乾隆皇帝将其保留下来，即今天的南湖岛，并改名为广润祠。

乾隆皇帝将瓮山改称为万寿山，将瓮山泊赐名为昆明湖，并将这座行宫正式命名为清漪园。通过修建清漪园，昆明湖变成了一个大水库，

满足了北京城的用水需要。（图9–2）

乾隆十九年（1754年），大宫门、万寿山前和昆明湖附近的宫殿基本完成；前后共建了一百多处景点和一百多座殿堂。乾隆二十年（1755年），皇室又先后在后山和西部建造了二十四个景点。乾隆二十九年（1764年），清漪园建成。清漪园将各种形式的中国古典建筑尽收园内。可以这样说，清漪园是一个中国古代建筑的博物馆。

以前，瓮山上的树木很少。为了给皇太后祝寿，乾隆皇帝就在万寿山上种植了大量松柏和阔叶乔木，在昆明湖内种植了众多荷花，在昆明湖畔种植柳树和桃树。在各个景点及平地、山坡上，皇室还种了很多花木，并根据环境和殿堂性质对环境进行了绿化，如乐寿堂西边是牡丹台；清漪园大门后种植了很多桂花等。花木的配置非常讲究。

图9–2　今日的颐和园万寿山（达西摄）

脉络分明的建筑格局

清漪园旧址的建筑物很少，除了功德寺和耶律楚材的墓之外，几乎没有什么建筑。它是一个从动工到完工，连续施工十几年，一气呵成的皇家园林。这是一座由乾隆皇帝亲自规划，造园名家“样式雷”设计，内务府和工部负责监督施工，在乾隆皇帝的亲自统领下建成的皇家园林。（图9–3）

清漪园的整体性很强，是一座兼具宫、苑双重功能的大型皇家园林。它可以分为宫廷生活区和风景游览区两个部分。由于是行宫，所以

图9–3 《三山五园图》中的清漪园（灵极限提供）

图9-4　颐和园南湖岛鉴远堂（汇图网提供）

清漪园的宫廷区面积比较小，与圆明园有着根本的不同。其宫廷区主要包括有勤政殿、怡春堂、玉澜堂、乐寿堂等建筑。

勤政殿（光绪年间改名为仁寿殿）位于东宫门内西侧，是座富丽堂皇的七楹殿堂，是皇帝经常接见大臣们的地方。虽然乾隆皇帝从来就没有在这儿办过公，但他仍把这里取名为勤政殿。他真正理政的地方，是位于勤政殿后面的玉澜堂，或者是南湖岛上的鉴远堂。

玉澜堂在勤政殿西面，毗邻昆明湖；其正殿面阔三间，东西侧各有耳房两间。

鉴远堂（图9-4）位于清漪园南湖岛南岸，为一座五开间的高大建筑物，可临窗南望昆明湖水和凤凰墩。乾隆皇帝给住在畅春园的皇太后请安后，常来此用膳和批阅奏折。

玉澜堂北面的宜芸馆，是乾隆皇帝看书的地方。乐寿堂为上下两层的佛堂，是皇太后进香的地方。这些宫廷建筑物，都位于大东门的附近。

人们一般将清漪园分为万寿山景区和昆明湖景区。从万寿山南面正中的牌楼开始，向北到排云殿、佛香阁、智慧海，形成了万寿山景区的中轴线。（图9-5）该中轴线的东西两侧是画中游、听鹂馆、养云轩和无尽意轩等。万字河买卖街位于万寿山的西边。买卖街的周边，分布有宿云檐城关、石舫和长岛（又名小西泠）等景观。

图9-5　万寿山佛香阁，耸立于高20米的石造台基上，处于万寿山中轴线的中心位置（单志刚摄）

万寿山的后山建造的全部都是藏传佛教寺庙。其西侧，有几个环境非常优雅的小园林，如绮望轩、赅春园等，如今仅剩遗址。后山中轴线的东侧，原有古香古色的花承阁。在万寿山的后山山下，还有一条被称为苏州街的买卖街。据说，这条位于后溪河两岸的买卖街，共建有200间铺面房，长大约有270米。在万寿山最东面山坡上，原建有六角形的昙花阁（咸丰年间被毁，光绪年间在此建景福阁）；山下设有惠山园（即今谐趣园）和霁清轩。

在如今昆明湖的东堤一线，还建有文昌阁、知春亭、铜牛、八方亭，以及与十七孔桥连接着的南湖岛。南湖岛的主要建筑物是雄伟宏大的望蟾阁，是仿照黄鹤楼修建的，后改为涵虚堂。在南边还建造有月波楼，以及岛边上的鉴远堂。

斜穿昆明湖中间的是著名的西堤。西堤上建有造型优美、形态各异的六座石桥，中间是用汉白玉雕琢的玉带桥。西堤沿线还分布着畅观堂、治镜阁、藻鉴堂和耕织图等建筑和景观。

有人认为，清漪园就是一山一水一阁，也就是万寿山、昆明湖和佛香阁。其他建筑和景观，都是这三大主体的附属和衍生物。清漪园的建筑景观，充分体现了“依山为轴，以水为心，旷奥兼备”的中国传统园林理法，创造出了一种前水前湖主景突出、后山后湖曲折幽邃的独特意境。

皇家气势的田园风光

清漪园地域广阔，建筑宏大，色彩艳丽。在万寿山中轴线上，最突出的是高处的佛香阁。与其相平行的还有两条次轴线。三条轴线上的大型建筑物，皆分布在高低不平、错落有致的山坡上，形成一种对称格局。中轴线上的所有建筑物的房顶，都采用了黄色琉璃瓦。在绿色山体的映衬之下，这些亭台楼阁显得富丽堂皇、光彩夺目，非常漂亮。

山下的昆明湖气势磅礴。湖中和湖边建有美丽的长廊、长堤、长桥，高阁和巨亭。（图9-6）八方亭（今廓如亭）号称是全国最大的亭子，与高大的山体和广阔的湖面交相辉映。绣漪桥位于清漪园南端，向南曾有一大片广阔田野，几乎被认作是园内景观的一部分。西边是连绵逶迤的青色西山。玉泉山和山上那黄白相间的玉峰塔倒映在昆明湖水面上，就好像是清漪园的有机组成部分。这种恢宏大气的借景效果，显示出了皇家气派。

清漪园还借鉴了江南园林的精致、小巧和妖娆风韵。万寿山东边的惠山园（今谐趣园），就是一个南方园林的缩影。后山的几个小园，如赅春园等，也将南方园林的秀丽与皇家园林的高贵进行了高度结合。

图9-6　今日颐和园长廊（光绪年间复建）（达西摄）

在昆明湖西北角，还有一座引人注目的巨大石舫。这座制作精致的石舫，寓意非常深刻。水能载舟，亦能覆舟。乾隆皇帝设计了这个景点，就是希望大清王朝的江山坚如磐石。（图9-7）

乾隆皇帝重农兴穑。在昆明湖的西北侧，有著名的耕织图景区。乾隆皇帝把元代的耕织图刻成几十块石版，镶嵌在延赏斋里。他每次来到这里必作诗，提醒自己要重视农业生产，关心子民的生活。昆明湖西南角的畅观堂建在高高的土山上，站在上面，可以看到园子外农民的劳动

图9-7　保留至今的清漪园（今颐和园）石舫（达西摄）

景象。他还在这里举办观稼诗会。

乾隆皇帝还多次到广润祠来求风、谢雨。据说曾有一天，下午开始阴云密布，到晚上就下起了瓢泼大雨。大雨一直下到第二天的早晨。乾隆皇帝非常高兴，赶紧到广润祠去谢雨，并给其加封了“广润灵雨祠”的称号，意思就是表彰对皇帝求雨的应验。

赅春园中有一座建筑物叫清可轩，乾隆皇帝经常来到这里。在清可轩，乾隆皇帝不仅可以观赏到优美的风光，还可以看见山后农民的劳作

图9–8　乾隆皇帝为皇太后所建的听鹂馆（光绪年间重建）（达西摄）

情况。乾隆皇帝写过四十余首关于清可轩的诗词，这里也是他描写最多的建筑景点。

清漪园的很多景点，是乾隆皇帝特地为皇太后修建的，如为母后祝寿修建的延寿寺；皇太后喜欢南方的街市，乾隆皇帝就在山后修建了一条苏州街；皇太后喜欢听戏曲，他就修建了听鹂馆，等等。（图9–8）

清漪园也很好地体现了中国传统文化。昆明湖东岸有铜牛，西岸有耕织图，是银河两端牛郎织女的象征。湖西岸供奉着关公像，东边有文昌阁。后山的澹宁堂，是乾隆皇帝为了怀念其祖父康熙对他的关爱和培养而修建命名的。康熙六十一年（1722年），三代皇帝曾会聚圆明园牡丹台，被人们传为佳话。

万寿山前山的西部，有一座建筑物叫邵窝。相传北魏有一位哲学家叫邵雍，在河南百泉建了一个隐居的住所，叫安乐窝。借用这个典故，乾隆皇帝就在万寿山修建了一个邵窝。乾隆皇帝在诗里说，“安乐一人彼，安乐万方予”，意思就是邵雍建安乐窝是为了自己的享受，而他建安乐窝是为了天下的黎民百姓。

清漪园中很多殿堂的名字，直接来自于古诗词名句。如夕佳楼取自于陶渊明《饮酒诗》中的“山气日夕佳”，景明楼的名字取自《岳阳楼记》。

清漪园中的很多景色、景点、景观，都是从南方园林中移植过来的。乾隆皇帝下江南时经常带着画师，看见好的景观就让画师们画下来，再在清漪园里进行改造设计。

当初设计昆明湖时，乾隆皇帝就借鉴了杭州的西湖。西湖有苏堤，昆明湖就设计了一个西堤。苏堤有六桥，西堤上也仿建了六座桥。西湖上有西泠桥，昆明湖西北处就有个小西泠。昆明湖西南湖边上的畅观堂，就是仿照西湖的“蕉石鸣琴”景观建造的。昆明湖里的凤凰墩，是模仿无锡的黄埠墩。万寿山东麓的惠山园，是根据无锡惠山的寄畅园来设计建造的。无锡寄畅园里观鱼的桥，以及欣赏石刻书法、诗歌的地方，在万寿山惠山园中都有体现，只是建筑风格不完全一样罢了。

在移植美景的过程中，乾隆皇帝还进行了创造性的改造设计。如杭州的西堤是一个笔直的堤，而昆明湖的西堤是一个弯曲的堤；西湖的六桥全都是平桥，而昆明湖的却非常别致。玉带桥很高，桥底可以走龙舟。漂亮的重檐桥亭，就与杭州西湖西堤上的完全不一样。

图9-9　今日颐和园十七孔桥（单志刚摄）

十七孔桥是仿照卢沟桥设计的。（图9-9）卢沟桥的望柱上塑造了501只石狮子，十七孔桥有544只狮子。但十七孔桥不是平桥，桥下有十七个孔，而且中间那个桥孔是可以通行龙舟的。十七个孔中，第九孔位于中间，象征着皇帝的至高无上。

慈禧太后的宫廷御苑

1860年，英法联军入侵北京，清漪园被焚毁。光绪十一年（1885年），清朝成立海军衙门。慈禧太后在加强海防的名义下，责成各省拨解巨款重修清漪园。内务府确定由“样式雷”和“算房刘”设计出了图样。第七代“样式雷”雷廷昌，不仅设计了殿堂建筑，而且还对堤岸、桥梁等园林景观进行了规划。（图9-10）

光绪十四年（1888年），清漪园改名为颐和园。修建工程一直延续到光绪二十一年（1895年）。自光绪十七年（1891年）起，慈禧太后就长住颐和园。这里成为她生活、理政和接见外宾的主要地点。

光绪二十六年（1890年），八国联军入侵北京；慈禧太后逃到西安后，颐和园受到了很大的破坏，很多文物被抢走。此后的两年，皇室又花费四十三万白银对园林重新进行修缮。

乐寿堂是清漪园时代的旧建筑，原是乾隆皇帝生母崇庆皇太后的休息处所。慈禧太后对劫后幸存，但已是残破不堪的这座建筑物非常关注。重建后的乐寿堂设立了许多灵活的分隔，家具陈设非常考究、精美，屋顶采用了前后勾连的处理，使整体建筑不显得体量过大。

图9-10　颐和园谐趣园饮绿亭（灵极限提供）

饮绿亭原名水乐亭，慈禧在重修颐和园时把水乐亭改名为饮绿亭。饮绿取自苏东坡的诗句“吾侬生长西湖曲，呼吸湖水饮山绿”。

因为经费困难，修葺颐和园时，清漪园的许多建筑景点没有恢复，但还是保留了清漪园的精华和特色。清漪园是行宫，而颐和园是御园，是慈禧太后与光绪皇帝办公和接见群臣的地方。这次重修，是按照圆明园的规格来进行修建的。颐和园东宫门内增加了皇帝上朝听政的建筑物。《翁同龢日记》中记载，刚驻跸颐和园时，光绪皇帝就在玉澜堂中说：“此堂明爽，胜宫中。”

图9-11　仁寿殿（达西摄）

仁寿殿，清漪园时名勤政殿，始建于清乾隆十五年（1750年），后被英法联军烧毁，于光绪十二年（1886年）重建，取《论语》中“仁者寿”之意，改名仁寿殿。此处是慈禧和光绪住园期间临朝理政、接受恭贺和接见外国使节的地方，是颐和园听政区的主要建筑。

慈禧太后在勤政殿原址上建了仁寿殿，用于垂帘听政。其规模与形式，与圆明园的正大光明殿相仿。（图9-11）仁寿殿后是三座大型四合院：乐寿堂、玉澜堂和宜芸馆，分别为慈禧太后、光绪皇帝和后妃们居住的地方。慈禧太后还在大报恩延寿寺原址上改建排云殿，作为自己接受

图9-12 颐和园的德和园大戏楼（灵极限提供）

清光绪十七年（1891年）建。高21米，分上中下三层。下层天花板中心有天井与上层戏台串通，中层戏台设有绞车，可巧设机关布景，表现升仙、下凡、入地诸情节。底层舞台地下室有水井、水池，可设置水法布景。

万寿节贺寿的地方。她在大宫门内外修建了很多朝房，让官员们办公和居住；另外还修建了如意馆、太医院等生活服务配套设施。

原清漪园勤政殿旁边的怡春堂是皇太后休息的地方，在道光年间被大火所烧毁。慈禧太后是个戏迷，就在这里建了一个专门看戏的德和园大戏楼。（图9-12）它是“清代四大戏楼”之一，也是目前中国保存最完整、建筑规模最大的古戏楼。万寿山东山坡上的佛堂昙花阁遗址很适合赏月，慈禧太后就在这里建了一座单层的景福阁，并设置了一个很大的月台。慈禧太后还在西北角的耕织图处创办了水师学堂，用于培养水师军官。此外，颐和园还结合近代科技的发展，安装了玻璃窗、电灯、小火轮等先进的西洋设施。

乐寿堂变为慈禧太后居住的寝宫之后，光绪皇帝就只能住在玉澜堂。玉澜堂是乾隆皇帝的书房，皇后和其他妃嫔住在宜芸馆。乐寿堂的彩画规格最高，玉澜堂次之，宜芸馆最低。在仁寿殿，慈禧太后听政不需要垂帘，直接就与光绪皇帝并坐于宝座上。大报恩延寿寺重建为排云殿后，其内部空间更趋复杂，进深很大，且布置有寝宫陈设。慈禧太后万寿盛典期间，她要提前几日住进去。举行盛典时，光绪皇帝跪在排云门的门槛上，大臣们要根据品级站位。在慈禧太后万寿盛典时，大臣们当天凌晨就得起来，先在仁寿门外等候，然后鱼贯而入，接受慈禧太后的召见。

慈禧太后还在颐和园举行各种庆典活动、接见外宾，甚至宴请外宾夫人游玩。戊戌变法时期，光绪皇帝在玉澜堂仁寿殿里接见了变法代表。变法失败后，光绪皇帝曾被幽禁在玉澜堂。

清朝灭亡后，根据《清室优待条件》，逊帝溥仪仍享有颐和园等园林的所有权。颐和园有限制地对公众开放。

1924年，冯玉祥将溥仪赶出故宫。皇家园林归中华民国政府所有，颐和园对公众开放。（图9-13）这时，人们才揭开颐和园的神秘面纱，目睹到颐和园美丽异常的容颜。

图9-13　今日颐和园（单志刚摄）

参考文献

［1］侯仁之.北京城市历史地理[M].北京：北京燕山出版社，2000.

［2］北京市海淀区地方志编纂委员会.北京市海淀区志[M].北京：北京出版社，2004.

［3］周维权.中国古典园林史[M].北京：清华大学出版社，1999.

［4］侯仁之，邓辉.北京城的起源与变迁[M].北京：中国书店，2001.

［5］北平市管理颐和园事务所.颐和园简明图说[M].北京：[出版者不详]，1935.

［6］阙镇清.再失一城——北京西北郊皇家园林集群：三山五园在城市化过程中的没落[J].装饰，2007(11).

［7］郑艳."三山五园"称谓辨析[J].北京档案，2005(1).

［8］刘剑.北京"三山五园"地区景观历史性变迁分析[J].中国园林，2011(2).

［9］王海蒙.北京三山五园地区现状问题与解决方案初探[J].北京规划建设，2013(5).

［10］张晓光.北京三山五园地区智库功能发展与创新[J].北京规划建设，2015(6).

［11］杨菁.北京西郊皇家园林的整体视觉设计[J].中国园林，2014(2).

［12］王帆.朝鲜使臣对清代"三山五园"的记述——以畅春园、圆明园为中心[J].学问，2016(5).

［13］肖东发.古都三山五园的历史文脉和文化价值[J].北京科技大学学

报，2015(3).
[14] 赵寰熹.清代北京城区至西北郊道路景观初探[J].北方民族大学学报，2016(5).
[15] 赵连稳.清代三山五园地区的买卖街[J].北京科技大学学报，2016(3).
[16] 赵连稳.清代三山五园地区水系的形成[J]. 北京联合大学学报，2015(1).
[17] 郭黛姮.三山五园：北京历史文化最辉煌的乐章[J].北京联合大学学报，2014(1).
[18] 赵连稳.三山五园：园林中的紫禁城[J].安康学院学报，2014(4).
[19] 郭一超.三山五园建成前各园佛教元素概况[J].经济研究导刊，2016(10).
[20] 岳升阳.三山五园历史文化景区的发展与文化遗产保护[J].北京联合大学学报，2014(1).
[21] 樊志斌.三山五园名称考辨[J].北京科技大学学报，2016(5).
[22] 冯丽.提升城市功能的文化遗产保护发展策略探讨[J].遗产与保护研究，2016(5).
[23] 王铭珍.安河桥的变迁[J].北京档案，2010(7).
[24] 刘剑刚.北京西北郊园林的变迁[J].北京规划建设，2016(3).
[25] 谭烈飞.对“三山五园”复建的思考[J].北京规划建设，2014(5).
[26] 张宝章.话说京西皇家园林[J].中关村，2012(11).
[27] 杨忆妍.皇家园林园中园理法研究[D].北京：北京林业大学，2013.
[28] 王裔婷.基于透视还原的圆明园四十景图之天然图画景观平面图研究[J].中国园林，2015(6).
[29] 徐巧越.嘉庆二十四年清宫内廷承应情况初探[J].文化遗产，

2014(5).

[30] 赵寰熹.清代北京西郊八旗粮仓丰益仓的建设与布局初探[J].农业考古，2016(3).

[31] 周林.清代的皇木采办与皇权[J].紫禁城，2011(11).

[32] 岳升阳.颐和园、圆明园周边地区的历史文化与区域改造[J].中关村，2012(11).

[33] 傅斌.江山破碎 圆明梦醒：寻望近世中国文化的背影[J].中国文化遗产，2010(5).

[34] 李扬.清代北京旗人社会生活管窥[J].北京科技大学学报，2014(4).

[35] 刘仲华.清代圆明园轮班奏事及御园理政的合法性困境[J].清史研究，2017(4).

[36] 张丽.清宫铜器制造考[J].故宫博物院院刊，2013(5).

[37] 谭虎.山桃万株，落英缤纷——圆明园武陵春色创作意象探析[J].中国园林，2012(11).

[38] 齐羚.圆明园土山理法与中国传统园林的生态智慧[J].中国园林，2015(2).

[39] 吴祥艳.数字化视野下的圆明园九州景区造园艺术研究[J].中国园林，2014(12).

[40] 王志伟.谁识当年真面貌：藏于清宫纪实绘画中的秘密[J].紫禁城，2014(3).

[41] 贾珺.探寻多元视角下的圆明园图景[J].装饰，2015(12).

[42] 赵雅丽.同治朝重修圆明园之议的政治文化浅析[J].北京科技大学学报，2016(5).

[43] 张丹.透过《圆明园四十景图》“九州清晏”图看植物造景艺术[J].装饰，2013(1).

[44] 刘仁皓.万方安和九咏空间再探[J].故宫博物院院刊，2016(2).

[45] 孙筱祥.我们应如何对待1860年英法联军、1900年八国联军毁灭人类文明的罪证“圆明园遗址公园”[J].中国园林，2010(2).

[46] 孙勐.遗址、文献与图像[J].北京科技大学学报，2016(3).

[47] 贾珺.圆明三园中的祀庙祠宇建筑探析[J].故宫博物院院刊，2012(3).

[48] 尤李.圆明园的法慧寺[J].紫禁城，2013(3).

[49] 曹新.圆明园的山水空间格局和类型研究[J].中国园林，2016(6).

[50] 赵连稳.圆明园经费来源问题初探[J].清华大学学报，2016(2).

[51] 贾珺.圆明园景致与图画[J].装饰，2016(6).

[52] 郭黛姮.圆明园桥梁复建漫录[J].遗产与保护研究，2016(1).

[53] 吴祥艳.圆明园盛期物质实体空间构成要素分析[J].中国园林，2007(4).

[54] 郗志群，王志伟.圆明园写仿“西湖十景”简论[J].北京科技大学学报，2016(2).

[55] 张超.圆明园兴起的中西互动背景考察[J].北京科技大学学报，2016(6).

[56] 尤李.圆明园与清宫政治[J].紫禁城，2011(6).

[57] 贾珺.圆明园中的观鱼型景观[J].装饰，2011(6).

[58] 贾珺.圆明园中的理政空间探析[J].建筑学报，2011(5).

[59] 檀馨.圆明园中的田园风光及耕织文化[J].中国园林，2011(11).

[60] 尤李.宗教空间与世俗政治的交汇：圆明园正觉寺考述[J].北京科技大学学报，2016(4).

[61] 陈杉杉.中西建筑交互影响的早年考证[J].装饰，2013(6).

[62] 贺艳.再现·圆明园——③九洲清晏（上）[J].紫禁城，2011(10).

[63] 贺艳，吴祥艳，刘川.再现·圆明园——⑦杏花春馆[J].紫禁城，2012(6).

[64] 贺艳，吴祥艳.再现·圆明园——勤政亲贤[J].紫禁城，2011(8).

[65] 贺艳.再现·圆明园——上下天光[J].紫禁城，2012(2).

[66] 贺艳，刘川.再现·圆明园——⑧坦坦荡荡[J].紫禁城，2012(10).

[67] 贺艳.再现·圆明园——正大光明[J].紫禁城，2011(6).

[68] 赵光华.从山地的自然地形、景观地理和历史发展去认识香山静宜园的景物风格特色[J].北京园林，1981(1).

[69] 思摩.玉峰塔影云外钟声——静明园[J].中国典籍与文化，1993(1).

[70] 殷亮.山水之乐，不能忘于怀——玉泉山静明园经营意向初探[J].城市，2005(6).

[71] 向华.香山静宜园：皇家御园看往昔[N].中华建筑报，2014-12-2.

[72] 袁长平.品读清乾隆时期香山静宜园的人文生态之美[J].中关村，2012(11).

[73] 何重义.北京西郊的三山五园[J].古建园林技术，1992(1).

[74] 田玮.畅春园——碧玉青黛[J].北京农业，2013(18).

[75] 赵连稳.畅春园衰落原因新探[J].中国文化研究，2015(冬之卷).

[76] 王宋文.畅春园兴废于何时[J].紫禁城，2002(3).

[77] 阚红柳.崇俭戒奢：康熙帝与畅春园[J].北京档案，2016(8).

[78] 王宪明.关于西花园[J].红楼梦学刊，2003(1).

[79] 侯仁之.海淀镇与北京城[J].北京规划建设，2000(2).

[80] 赵连稳.京西第一名园：畅春园筑园理念[J].北京科技大学学报，2014(3).

[81] 张宝章.康熙年间的海淀园林[J].圆明园学刊，2014(7).

[82] 郑艳.乾隆为何在圆明园中修建西洋楼[J].北京档案，2014(11).

[83] 祁庆富.清代朝鲜使臣与圆明园[J].清史研究，2005(3).
[84] 邹长清.清代翻译乡会试覆试制度研究[J].历史档案，2011(2).
[85] 孙成旭.“盛极又衰”的圆明园[J].清史研究，2015(1).
[86] 冯新生.圆明第五园春熙院，能否回归成景？[J].中关村，2017(11).
[87] 贾珺.《乾隆帝雪景行乐图》与长春园狮子林续考[J].装饰，2013(3).
[88] 张宝章.从清漪园到颐和园[J].北京档案，2014(6).
[89] 靳桂龙.从历史园林传承的角度谈圆明园环境的修复[J].古建园林技术，2013(1).
[90] 杨玥.从圆明园变迁看中西文化交流[J].理论界，2011(8).
[91] 孟彤.从圆明园的九宫格局看皇家园林营造理念[J].华中建筑，2011(11).
[92] 齐羚.丹陵沜中小天地，杏花春馆山水情——圆明园杏花春馆景区土山理法初探[J].中国园林，2016(2).
[93] 尤李.独行特立的圆明园宗教文化[J].中华文化论坛，2010(3).
[94] 白鸿叶.国家图书馆藏圆明园样式雷图档述略[J].北京科技大学学报，2016(5).
[95] 赵华.故园的缘故[J].装饰，2010(10).
[96] 何瑜.“圆明五园”之一的春熙院[J].中关村，2017(11).
[97] 葛夫平.建国以来的第二次鸦片战争史研究综述[J].史林，2014(2).
[98] 贾珺.关于颐和园研究的对谈[J].建筑学报，2015(12).
[99] 焦雄.北京西郊畅春园记略[C]// 于倬云，朱诚如.中国紫禁城学会论文集（第三辑）.北京：紫禁城出版社，2004.
[100] 刘永安.《帝京景物略》中官宦私家园林代表[J].建筑与文化，2016(3).